服装制造系统的
生产调度建模和优化研究

邵一兵◎著

浙江工商大学 出版社
ZHEJIANG GONGSHANG UNIVERSITY PRESS
·杭州·

图书在版编目（CIP）数据

服装制造系统的生产调度建模和优化研究／邵一兵
著. -- 杭州：浙江工商大学出版社，2024.6. -- ISBN
978-7-5178-6096-9

Ⅰ. F407.866

中国国家版本馆 CIP 数据核字第 202461X981 号

服装制造系统的生产调度建模和优化研究

FUZHUANG ZHIZAO XITONG DE SHENGCHAN DIAODU JIANMO HE YOUHUA YANJIU

邵一兵 著

责任编辑	谭娟娟
责任校对	胡辰怡
封面设计	胡　晨
责任印制	包建辉
出版发行	浙江工商大学出版社
	（杭州市教工路 198 号　邮政编码 310012）
	（E-mail:zjgsupress@163.com）
	（网址:http://www.zjgsupress.com）
	电话:0571 - 88904980,88831806（传真）
排　　版	杭州朝曦图文设计有限公司
印　　刷	杭州高腾印务有限公司
开　　本	710mm×1000mm　1/16
印　　张	11.5
字　　数	177 千
版 印 次	2024 年 6 月第 1 版　2024 年 6 月第 1 次印刷
书　　号	ISBN 978-7-5178-6096-9
定　　价	59.00 元

摘　要

服装产业是我国的传统优势产业、重要支柱产业和民生产业,在提高人民生活水平、繁荣国家经济、促进社会进步等方面发挥着重要作用。随着产业发展和科技进步,越来越多的服装企业开始采用计算机集成制造思想和方法对生产过程进行管理。生产调度在计算机集成制造系统中扮演着重要的角色,是实现制造活动高效率、高柔性和高可靠性的关键技术之一,也是企业生产管理不可或缺的部分。开展对服装制造系统的生产调度建模和优化研究,将生产调度问题从严格限定的理想环境拓展到贴近现实的服装生产环境,有利于提高服装制造系统生产调度决策的建模精度及寻优效率,也有利于提高服装生产过程中的资源分配合理性和生产有序性。

本书以生产调度理论、优化理论等为基础,重点解决传统服装产业生产调度手段落后、实用性差的工程难题。针对从实际服装生产中提炼出的缝制标准工时制定、单阶段多机服装制造系统生产调度、多阶段单机服装制造系统生产调度和多阶段多机服装制造系统生产调度等问题,本书对模型构建与优化算法应用进行了较为系统、深入的研究。主要研究内容包括:

采用扎根理论方法探索服装生产调度的影响因素。按照开放式编码、主轴编码、选择性编码的程序,共提炼出 47 个概念,总结出 12 个范畴,归纳出 4 个主范畴,建立了服装生产调度影响因素作用机制模型。在此基础上,构建了包括目标层、准则层、变量层、方案及技术层、影响因素层 5 层结构的服装生产调度优化框架,以期为后续研究奠定基础。

标准工时是服装生产企业编制生产调度方案所需的基础数据。随着先进制造技术在服装产业的不断发展和应用,服装企业对标准工时制定的精度及效率都有了更高的要求。缝制生产是服装生产的重要组成部分,其成本和时间占服装生产成本和时间的比重均较大。针对服装制造系统生产调度优化,本书展开了服装缝制标准工时研究。在分析缝制工序标准工时主要影响因素的基础上,建立基于粒子群算法优化支持向量机(Support Vector Machine,SVM)的服装缝制标准工时制定模型,从而快速、准确地测定缝制标准工时。

针对单阶段多机服装制造系统生产调度问题,本书选择了服装缝制生产阶段,以最大完工时间最小为优化目标,构建考虑序列相关设置时间的不相关并行机生产调度模型,提出一种改进遗传模拟退火混合算法,针对每一代遗传运算产生的新种群,使用模拟退火算法逐一进行优化,这既保留了遗传算法(Genetic Algorithm,GA)全局搜索的优点,又融合了模拟退火算法局部搜索的长处。仿真实验结果表明,该算法具有较高的精度和较强的全局寻优能力,证明其对算法的改进有效。

针对多阶段单机服装制造系统生产调度问题,本书建立了预防性维护与生产调度集成优化模型。设计、改进和声搜索算法,使之成为求解该问题的优化算法,再对新生成的和声进行扰动,扰动的方式是引入、插入、反转、互换等领域的搜索算子,以提高和声记忆库中的和声多样性水平,利于算法跳出局部最优解,避免过早收敛。仿真实验结果表明,改进和声搜索算法具有较高的寻优精度和较强的稳定性。

针对多阶段多机服装制造系统生产调度问题,本书考虑了生产过程中的序列相关设置时间和不相关并行生产系统约束,建立了混合流水生产调度模型。针对此模型,提出改进双种群遗传算法进行求解:子种群1作为开发群体,重在提高算法的局部搜索性能;子种群2作为探测群体,重在提高算法的全局搜索能力。在进化过程中对2个种群的特定个体进行交换以实现协同优化。算法有效性验证的结果表明,该算法适用于多阶段多机服装制造系统生产调度问题的求解。

目 录

1 绪论 ………………………………………………………………… 001

  1.1 研究背景 ……………………………………………… 003

  1.2 研究目的与意义 ……………………………………… 006

  1.3 研究现状 ……………………………………………… 008

  1.4 研究内容与结构安排 ………………………………… 031

  1.5 研究创新点 …………………………………………… 035

  1.6 本章小结 ……………………………………………… 036

2 服装生产调度的影响因素及优化框架 ………………………… 037

  2.1 服装生产流程 ………………………………………… 039

  2.2 服装生产调度的影响因素 …………………………… 042

  2.3 服装生产调度的优化框架 …………………………… 047

  2.4 本章小结 ……………………………………………… 049

3 基于粒子群算法优化支持向量机的服装缝制标准工时制定 …… 051

  3.1 引言 …………………………………………………… 053

  3.2 服装缝制标准工时的影响因素分析 ………………… 054

  3.3 基于粒子群算法优化支持向量机的服装缝制标准工时测算模型

    ………………………………………………………… 058

  3.4 仿真实验与分析 ……………………………………… 064

  3.5 本章小结 ……………………………………………… 067

4 单阶段多机服装制造系统的生产调度建模与优化 ·················· 069

4.1 引言 ·· 071

4.2 问题描述 ·· 074

4.3 数学建模 ·· 075

4.4 优化算法 ·· 077

4.5 仿真实验与分析 ······································ 087

4.6 本章小结 ·· 095

5 多阶段单机服装制造系统的生产调度建模与优化 ·············· 097

5.1 引言 ·· 099

5.2 问题描述 ·· 104

5.3 数学建模 ·· 105

5.4 优化算法 ·· 109

5.5 仿真实验与分析 ······································ 117

5.6 本章小结 ·· 124

6 多阶段多机服装制造系统的生产调度建模与优化 ·············· 125

6.1 引言 ·· 127

6.2 问题描述 ·· 129

6.3 数学建模 ·· 130

6.4 优化算法 ·· 132

6.5 仿真实验与分析 ······································ 141

6.6 本章小结 ·· 150

7 结论与展望 ·· 151

7.1 研究结论 ·· 153

7.2 研究展望 ·· 155

参考文献 ·· 157

图目录

图 1.1 计算机集成制造系统结构模型 ·························· 004

图 1.2 2007—2020 年 SCI、SSCI 和 AHCI 收录的生产调度领域文献量
·························· 011

图 1.3 SCI、SSCI 和 AHCI 收录生产调度领域发文量排名前 10 的国家
·························· 012

图 1.4 生产调度领域研究国家间合作网络 ·················· 013

图 1.5 SCI、SSCI 和 AHCI 收录生产调度领域发文量排名前 15 的研究
机构 ·························· 013

图 1.6 生产调度领域研究机构间合作网络 ·················· 014

图 1.7 生产调度领域高频关键词网络结构 ·················· 016

图 1.8 SCI、SSCI 和 AHCI 收录生产调度领域文献载文量排名前 10 的
期刊 ·························· 017

图 1.9 状态任务网络图 ······························ 018

图 1.10 资源任务网络图 ······························ 018

图 1.11 离散时间建模表示 ···························· 019

图 1.12 连续时间建模表示 ···························· 020

图 1.13 全局连续时间表示 ···························· 021

图 1.14 特定单元事件点时间表示 ······················ 021

图 1.15 排序时间表示 ······························ 022

图 1.16 自然算法分类图 ······························ 027

图 1.17 本研究技术路线图 ···························· 034

图 2.1 服装生产流程图 ······························ 039

图 2.2 服装生产调度影响因素作用机制模型 ·············· 046

图 2.3　服装生产调度优化框架 ·· 047

图 3.1　回归支持向量机拓扑图 ·· 060

图 3.2　支持向量机回归预测示意图 ·································· 060

图 3.3　粒子群算法优化支持向量机的流程图 ··················· 063

图 3.4　粒子群算法适应度曲线 ·· 064

图 3.5　训练样本的预测结果 ··· 065

图 3.6　测试样本的预测结果 ··· 065

图 4.1　并行机生产示意图 ··· 072

图 4.2　遗传算法流程图 ·· 079

图 4.3　模拟退火算法流程图 ··· 081

图 4.4　改进遗传模拟退火混合算法流程图 ······················ 082

图 4.5　改进遗传模拟退火混合算法编码与解码示意图 ······ 084

图 4.6　改进遗传模拟退火混合算法交叉操作 ··················· 086

图 4.7　改进遗传模拟退火混合算法变异操作 ··················· 086

图 4.8　改进遗传模拟退火混合算法重点参数响应趋势图 ···· 090

图 4.9　生产调度方案甘特图 ··· 094

图 5.1　多阶段服装制造系统示意图 ·································· 099

图 5.2　流水生产示意图 ·· 100

图 5.3　固定周期预防性维护下的流水生产调度方案 ········· 102

图 5.4　柔性周期预防性维护下的流水生产调度方案 ········· 102

图 5.5　和声搜索算法流程图 ··· 111

图 5.6　改进和声搜索算法流程图 ······································ 113

图 5.7　改进和声搜索算法的编码与解码示意图 ··············· 114

图 5.8　改进和声搜索算法音调微调流程图 ······················ 115

图 5.9　改进和声搜索算法的 3 种微调操作 ····················· 116

图 5.10　改进和声搜索算法重点参数响应趋势图 ·············· 120

图 5.11　生产调度方案甘特图 ··· 123

图 6.1　混合流水生产示意图 ··· 128

图 6.2　改进双种群遗传算法流程图 ·································· 133

图 6.3　改进双种群遗传算法重点参数响应趋势图 ············ 143

图 6.4　生产调度方案甘特图 ··· 149

表目录

表 1.1　生产调度领域被引次数排名前 10 位的文献 ……………… 014

表 2.1　受访者资料表 ……………………………………………… 043

表 2.2　开放式编码结果 …………………………………………… 044

表 2.3　主轴编码形成的主范畴及其对应的范畴 ………………… 045

表 3.1　Z 公司缝制标准工时及影响因素 ………………………… 055

表 3.2　影响因素与缝制工序标准工时之间的灰色关联度 ……… 057

表 3.3　不同寻优方法的最优参数及模型性能 …………………… 066

表 4.1　改进遗传模拟退火混合算法的重点参数在不同水平下的取值
　　　　情况 ………………………………………………………… 087

表 4.2　改进遗传模拟退火混合算法重点参数校验正交实验设计表 … 088

表 4.3　改进遗传模拟退火仿真混合算法重点参数校验正交实验
　　　　仿真结果 …………………………………………………… 089

表 4.4　改进遗传模拟退火混合算法重点参数校验正交实验极差分析表
　　　　………………………………………………………………… 090

表 4.5　12 组算例测试结果对比 …………………………………… 091

表 4.6　10 个生产工单的缝制加工时间 …………………………… 093

表 4.7　10 个生产工单的转换设置时间 …………………………… 093

表 5.1　改进和声搜索算法的重点参数在不同水平下的取值情况 … 117

表 5.2　改进和声搜索算法的重点参数校验正交实验设计表 …… 117

表 5.3　改进和声搜索算法重点参数校验正交实验仿真结果 …… 118

表 5.4　改进和声搜索算法重点参数校验正交实验极差分析表 … 119

表 5.5　24 组算例的测试结果对比 ………………………………… 120

表 5.6 10 个生产工单在 4 套生产系统中的加工时间 ·················· 122

表 5.7 4 套生产系统的维护时间和最优预防性维护次数 ············· 123

表 6.1 改进双种群遗传算法重点参数在不同水平下的取值情况 ····· 141

表 6.2 改进双种群遗传算法重点参数校验正交实验设计表 ··········· 141

表 6.3 改进双种群遗传算法重点参数校验正交实验仿真结果 ········· 142

表 6.4 改进双种群遗传算法重点参数校验正交实验极差分析表 ······ 143

表 6.5 三阶段服装制造系统各阶段的并行生产系统布局表 ··········· 144

表 6.6 四阶段服装制造系统各阶段的并行生产系统布局表 ··········· 144

表 6.7 30 组算例测试结果对比 ································· 145

表 6.8 生产工单在每套生产系统上的加工时间 ····················· 147

表 6.9 20 个生产工单的转换设置时间 ··························· 148

1

绪论

1.1　研究背景

　　服装产业是我国的传统优势产业、重要支柱产业和民生产业,也是体现技术进步、社会文化发展和时代变迁的创新型产业。2020 年,全国服装生产与制造工业企业数为 17 万家,服装制造领域从业人数为 826 万人,服装总产量约为 712 亿件;规模以上服装企业累计完成服装产量 223.73 亿件,实现营业收入 13697.26 亿元,利润总额为 640.44 亿元,分别占全国规模以上工业企业营业收入和利润总额的 1.3% 和 1.0%;服装出口金额达 1374 亿美元,占全球服装贸易市场份额的 31.6%[1]。可见,在提高人民生活水平、繁荣国家经济、促进社会进步、支撑世界服装产业体系平稳运行和推动全球经济文化合作方面,服装产业发挥了重要作用。伴随着社会发展和科技进步,在需求侧,服装消费趋于个性化和多样化,产品的生命周期愈来愈短;在供给侧,"以销定产"取代了"以产定销",即服装企业必须以用户和市场的需求为导向来安排生产[2],以尽量低的成本、尽量短的时间生产出让消费者满意的产品,才能使自己在激烈的市场竞争中立于不败之地。为此,我国服装产业坚持创新发展战略,将高效的生产管理模式与先进的服装制造技术相结合,以数字化驱动,加快推广服装"智造"新模式,不断提升服装制造系统的柔性,数字化、智能化转型发展步伐不断加快。

　　计算机集成制造系统(Computer Integrated Manufacturing System,CIMS)是企业数字化、智能化的重要抓手,越来越多的生产制造型企业采用计算机集成制造思想和方法对生产系统进行组织和管理。[3]针对服装产业,英国研发了纺织服装业计算机集成制造系统(CIMTEX),日本、德国、法国、西班牙等也都推出了各自的服装计算机集成制造系统,新加坡等国家建立了服装计算机集成制造示范中心,这些在服装产业产生了很大的影响。国内也有部分大型服装生产企业实施了计算机集成制造工程,但就整体而言,国内服装生产企业的信息化、数字化程度有待加强。计算机集成制造系统是一种基于计算机集成制造理论构成的计算机化、信息化、智能化、集成优化的制造系统。它的作用是借助计算机硬件及软件,综合运用现代管理技术、制造技术、信息技术、自动化技术、系统工程技术将生产过程中的有关人员、技术、经营管理三要素及其信息流、物流和价值流有机集成并优化,以达到产品上市快、质量高、能耗低、服务好、环境清洁的目标,进而提高企业的柔性、稳健性、敏捷性,使企业赢得市场竞争。[4]计算机集成制造系统是在计算机网络和数据库的基础上构建的呈递阶结构的大系统,从功能上分为5个层次,自下而上依次为控制层、监控层、调度层、管理层和决策层,如图 1.1 所示。控制层负责控制和协调所有生产设备,实现对生产的直接控制;监控层负责监控生产现场和各种生产设备;调度层居于中间层次,它指挥与控制着整个生产过程,使之顺利和高效;管理层负责企业日常生产和经营管理;决策层针对企业的经营目标实施决策管理。

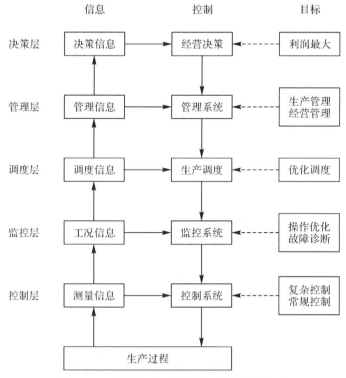

图 1.1　计算机集成制造系统结构模型

作为生产制造系统的承上启下环节,生产调度在计算机集成制造系统中扮演着重要的角色,是实现生产制造活动高效率、高柔性和高可靠性的关键环节之一,是企业生产管理不可或缺的部分。现代化生产调度理论和方法在电子、钢铁等多个行业领域得到了广泛而深入的应用。在服装生产企业中,根据由企业资源计划(Enterprise Resource Planning,ERP)系统导出的生产计划,生产调度人员依靠经验按照一定的分派规则,简单地、局部地确定生产调度方案。当服装产品种类较少时,这种经验式生产调度方式尚可勉强应付,但为了满足服装消费市场的多样化、时尚化、个性化需求,服装生产企业的产品种类越来越多,生产调度过程包括生产资源使用平衡、物料平衡、生产目标平衡等工作,经验式生产调度方式往往显得力不从心,顾此失彼,已经不能满足精益化生产的需求。再者,生产调度问题本身是一个复杂的非确定性多项式时间难(Non-deterministic Polynomial-time Hard,NP-Hard)问题,简单的、局部的生产调度并不能保证获得最佳或满意的调度方案。此外,市场竞争的加剧、产品需求量的波动、交货日期的变更、设备随机故障的发生等不确定性因素使得生产调度工作成为一项复杂的日常性工作,单靠生产调度人员的经验来完成生产调度方案的制定,将使生产调度无法及时响应这些变化,并且使得 ERP 系统等先进的管理信息系统缺乏对生产车间的实时调控能力。[5]这种简单的、局部的,依靠经验制定生产调度方案的模式,容易导致生产调度方案的针对性、及时性、应变性等变得较差,从而产生服装生产周期延长、半成品库存增加、设备利用率降低、交货期延迟等问题,难以适应快节奏的现代化生产和激烈的市场竞争,影响着服装生产效率提升,因此存在着非常大的改进空间。在当前的生产环境下,各服装生产企业为了在市场竞争中占据有利地位,迫切需要提高制定科学合理的生产调度方案的能力和水平,以提升服装生产效率,改善产品质量,降低能量消耗和生产成本,从而增强企业的竞争能力。

1.2 研究目的与意义

在从服装制造"大"国向服装制造"强"国、从服装"制"造向服装"智"造转变的过程中,除引进和开发高技术生产装备,还需对服装生产制造过程采用科学、先进的组织与管理方法和技术。生产调度优化是服装产业实施先进生产管理的关键环节之一,能有效帮助企业实现服装生产制造的高效率、高柔性和高可靠性。

本研究源于产学研合作项目,在实施项目过程中,笔者也深刻地感受到生产调度优化对于提升服装生产企业的生产效率,推动部门间协同,加快服装生产企业数字化、智能化转型的重要性,同时也认识到基于经验或简单规则的生产调度优化方法存在明显不足。为此,本书针对服装制造系统的生产调度建模和优化开展了较为系统和深入的研究,构建了具有服装生产工程特征的生产调度模型,并基于自然算法实现相应的优化,力求为服装生产调度数字化转型提供一定的示范参考。

1.2.1 研究目的

分析服装制造系统生产调度的影响因素及其作用机制,并在此基础上构建服装制造系统生产调度问题优化框架,为服装制造系统生产调度建模和优化研究提供理论支持和方法支持。

准确的标准工时是编制生产调度方案所需的基础数据,而缝制生产又是服装制造的关键阶段,只有在分析服装缝制标准工时的影响因素的基础上,提出基于粒子群算法优化支持向量机的服装缝制标准工时测算模型,才能为服装缝制标准工时制定提供一种快速、准确的方法。

笔者从实际的服装生产中提炼出 3 个典型场景下的生产调度问题,即单阶段多机的服装缝制车间并行生产调度问题、多阶段单机的服装流水生产调度问题和多阶段多机的服装生产混合流水生产调度问题,针对它们分别建立满足约束条件的排序模型,并设计相应的优化算法,即改进遗传模拟退火混合算法、改进和声搜索算法和改进双种群遗传算法,助力服装生产企业在特定的生产目标下编制科学合理的生产调度方案。

1.2.2 研究意义

在不断寻求先进服装生产制造技术的同时,开展对服装制造系统生产调度问题的建模和优化研究,将生产调度问题从严格限定的理想环境拓展到贴近现实的实际服装生产环境中,探索先进生产技术与先进管理手段相结合的发展道路,改善服装生产企业的生产管理和控制水平,科学地确定和执行生产调度,提高生产效率、降低成本,确保服装制造系统的柔性,这对推进我国服装产业升级具有重要的现实意义与实用价值。

生产调度问题是生产管理研究中最难以解决的问题之一,也被学术界认为是最难的组合优化问题之一。服装制造系统生产调度属于典型的非确定性多项式时间难问题,基于不同的服装制造环境,由单阶段多机拓展到多阶段多机的生产场景,开展对服装制造系统生产调度的建模研究,有利于丰富和发展生产调度研究。为了获得满意的服装制造系统生产调度方案,将算法进行适当的调整和改进,这对推动自然算法的发展和融合也有着重要的理论意义和学术价值。

1.3 研究现状

1.3.1 生产调度相关概念及文献计量分析

1) 生产调度的定义

定义 1：针对一项可分解的工作任务，探讨在尽可能满足约束条件（如交货期、工艺路线、资源情况）的前提下，通过下达生产指令，安排相关部门（操作）使用一定的资源并规定加工时间和加工顺序，从而使某些性能指标（如生产周期、生产成本）最优化。[6]

定义 2：在给定产品集、计划周期、加工资源集和各产品加工工艺的条件下，确定在具体的计划周期内生产的产品品种及其数量，确定每一个具体操作的开始和结束时间，确定执行每一个具体操作的设备或处理单元，确定产品的生产批量、产品进入生产系统的方式、加工设备选择规则、加工优先级规则和中间存储策略等。[7]

上述定义从不同的工程技术角度，对生产调度进行了描述。本部分认为，生产调度是以生产计划为基础的，在既定的约束条件下，如加工顺序、交货时间等，通过合理分派设备和安排工件加工顺序等，从而确定生产路线，使某个或多个性能评价指标达到最优。有效的生产调度不仅能保证制造系统运行的柔性和实时响应性，还能降低生产成本、提高生产效率、减少能源消耗等等。生产调度问题中的设备和工件可以代表极为广泛的对象，如服务机构、作业设施和操作人员等统称为"设备"，而被服务的顾客、任务和零件等统称为"工件"。

2) 生产调度的分类

生产调度问题依据制造系统内的设备配置、资源约束种类和数量、生产环境特点等,可分为不同类型。

第一,根据制造系统内的设备配置,生产调度可分为:

其一,单机生产调度。n 个独立工件在同一台设备上进行生产加工,要确定所有工件的加工顺序,使得生产调度性能指标最优。单机生产是最简单的制造系统设备配置,只有一台加工设备,所有工件的操作任务都在单台设备上完成,也是其他复杂制造系统设备配置的特殊情形。

其二,平行机生产调度。制造系统中同一生产阶段上配置多台设备,构成设备集,n 个工件之间相互独立且只有一道生产工序,每一个工件可以由设备集中的任一台设备加工。

其三,作业车间生产调度。制造系统中有 m 台设备,每个工件有不同的生产工艺路线,工件的每道工序仅在一台设备上进行。当每道工序有多台可选设备时,也称为柔性作业车间生产调度(Flexible Job Shop Production Scheduling)。

其四,流水车间生产调度。制造系统中有 m 台串联的设备,每个工件均需在每台设备上加工一次,每个工件都有相同的工艺路线,如果每台设备上工件的加工顺序相同,称为置换流水车间生产调度(Permutation Flow Shop Production Scheduling),如果每道工序上有并行设备,称为柔性流水车间生产调度(Flexible Flow Shop Production Scheduling)。

其五,开放车间生产调度。制造系统中有数台设备,每个工件都必须在相应的设备上进行加工,但没有固定的生产工艺路线。

第二,按照资源约束种类和数量,生产调度可分为:

其一,单资源生产调度。只有一种资源制约制造系统的生产能力,一般是加工设备。

其二,多资源生产调度。同时有 2 种及 2 种以上的资源制约制造系统的生产能力,如生产设备、搬运设备、操作人员及其他辅助资源。

第三,根据制造系统所处生产环境的特点,生产调度可分为:

其一,静态生产调度。制造系统所处环境和工件的生产作业任务明确不变,且所有工件均在零时刻到达,生产调度方案一旦形成就在生产制造过程中保持不变。

其二,动态生产调度。工件依次进入待生产状态,制造系统根据随机干扰因素动态地调整生产调度方案以控制生产制造过程。根据实现方式的不同,动态生产调度又可分为滚动生产调度(Rolling Scheduling)和反应式生产调度(Reactive Scheduling)。滚动生产调度是根据制造系统当前的环境信息,以一定的时间间隔为周期,不断地对原有的生产调度方案进行调整或产生新的生产调度方案。反应式生产调度是指当制造系统发生变化时,并不产生新的生产调度方案,而是根据制造系统当前的状态和局部信息,采用某种策略对原来的生产调度方案进行局部修正。

3)生产调度特性

第一,复杂性。生产调度是典型的组合优化问题,在不同的生产管理模式下,其优化目标和优化策略均不同,建立完备的优化模型需要考虑很多因素,因此具有数学建模的复杂性。随着生产规模和产品种类的增加,模型求解时间呈指数增长,因而生产调度问题也有求解的复杂性,使用常规的优化方法在有限时间内往往不能得到理想的解。

第二,随机性。受环境影响,制造系统受到资源相关随机事件和任务相关随机事件等不确定性因素的干扰。其中,资源相关随机事件包括生产设备故障、原材料供给中断及员工心理和技能异动等;任务相关随机事件包括订单的更改、交货期提前或延迟等。

第三,多目标性。生产与经营环境的不同对生产调度目标有不同的要求,可将生产调度的目标归结为:追求最大生产率、最短生产周期等能力目标;追求最大利润、最小运行费用等成本目标;追求最短延迟、最小提前或拖后惩罚等客户满意度目标;追求最小能耗等绿色目标。多个目标之间往往彼此冲突,导致生产调度问题的复杂程度和计算量增加。

第四,多约束性。生产调度问题涉及生产制造中的各种约束,包括物理约束,如工件加工顺序、机器加工能力等;管理约束,如成本限制等;市场约束,如客户的交货期限等。这些约束之间相互关联、相互制约,提高了生产调度问题建模和求解的复杂程度。[8]

4)生产调度领域文献计量分析

面对海量的文献,利用传统阅读方式和统计方法对文献进行归类和总结存在一定的局限性。文献计量学是以科技文献的各种外部特征为研究对象,基于数学、统计学原理,对有关领域的研究状况和发展趋势进行分析和信息挖掘的方法。本部分基于 SCI(Science Citation Index)、SSCI(Social Science Citation Index)和 AHCI(Arts & Humanities Citation Index)数据库,对生产调度领域的文献进行计量分析。在上述 3 个数据库中,采用高级检索,检索公式为 TS=("production scheduling"),检索时间跨度为 2007 年至 2020 年,检索词中包含引号,确保结果的稳定性。此次检索共得到 1227 条记录,包含作者、标题、来源出版物、摘要和引用的参考文献。随着文献计量方法的发展,使用软件对文献信息进行可视化处理并绘制和分析知识图谱得到广泛应用。[9]本部分采用 Microsoft Excel 和 VOSviewer 软件对数据进行处理,对生产调度领域的发文量、发文机构、发文国家、引文、关键词等进行分析,以期更好地反映生产调度领域的研究态势和热点,从而为后续研究提供参考和借鉴。

(1)发文量分析

年文献发表量能够直观反映生产调度领域的研究动态和水平,是了解国内外生产调度研究演进趋势的重要依据。如图 1.2 所示,2007—2020 年,SCI、SSCI 和 AHCI 三大引文数据库共收录生产调度领域相关文献 1227篇,发文数量整体呈上升趋势,其中 2007—2014 年缓慢上升,间断波动,2015年后持续增加。这反映了国内外学术界、产业界对生产调度领域关注度的增加,相关理论和应用研究进入一个高速发展期,研究领域不断拓展。

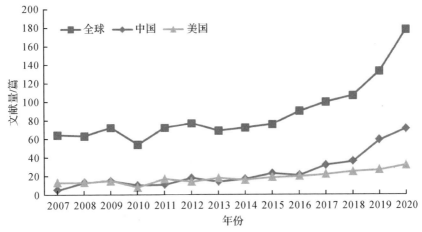

图 1.2　2007—2020 年 SCI、SSCI 和 AHCI 收录的生产调度领域文献量

（2）发文国家和发文机构分析

全世界有 72 个国家（地区）的学者所发表的生产调度领域的研究论文被 SCI、SSCI 和 AHCI 三大引文数据库收录，发文量排名前 5 的国家分别是中国（394 篇）、美国（262 篇）、加拿大（86 篇）、伊朗（78 篇）和德国（66 篇），如图 1.3 所示。中国虽发文总量位居第一，但篇均被引数仅为 16.3 次；美国的发文总量排在世界第二位，但篇均被引数却高达 23.59 次。这说明中国学者的研究成果在国际认可度和国际影响力方面还有上升空间，研究人员应在生产调度领域继续深耕，提供更有价值的研究成果。

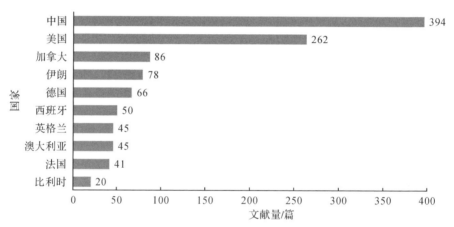

图 1.3　SCI、SSCI 和 AHCI 收录生产调度领域发文量排名前 10 的国家

除发文量外，国家合作中心性，即网络链接强度也可作为衡量一个国家研究实力的指标。图 1.4 所示的合作网络中的节点表示国家发文量情况，节点越大，表示该国发文量越多；节点间的连线表示国家间的学术合作关系，两国间连线越粗，表明合作次数越多，合作发文也越多。生产调度领域合作中心性排名前 5 的国家分别是美国、中国、德国、英格兰和法国。这些国家不仅自身研究实力雄厚还拥有庞大的研究合作网络。

生产调度领域研究机构主要集中在欧美及亚太地区，发文量排名前 15 的研究机构中，7 个位于中国，3 个位于美国，如图 1.5 所示。其中，发文量排名前 3 的研究机构是美国威斯康星大学、美国得克萨斯大学、上海交通大学，这 3 所研究机构在 2007—2020 年分别发表生产调度领域学术文献 60 篇、48 篇和 31 篇。从机构合作网络来看，生产调度领域研究的国际机构合作网络

图 1.4   生产调度领域研究国家间合作网络

较为松散,如图 1.6 所示,未形成以某几个研究机构为主要节点的合作网络,未来各个研究机构间的合作交流有待进一步加强。

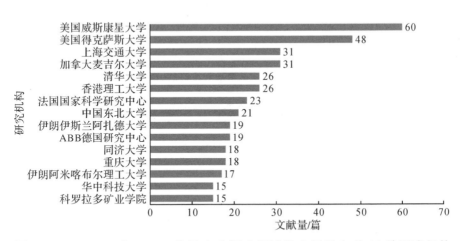

图1.5   SCI、SSCI 和 AHCI 收录生产调度领域发文量排名前 15 的研究机构

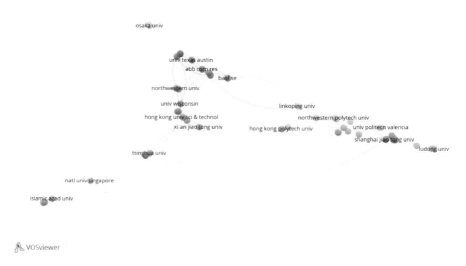

VOSviewer

图 1.6　生产调度领域研究机构间合作网络

（3）引文分析

被引次数在一定程度上可以反映该文献在某一研究领域的地位和影响力，高被引文献常被视为本领域具有原创性、变革性的重要论文。2007—2020 年，SCI、SSCI 和 AHCI 三大引文数据库共收录生产调度领域相关文献 1227 篇，去除自引后合计被引 19860 次，篇均被引次数为 18.27。被引次数排名前 10 位的文献如表 1.1 所示。

表 1.1　生产调度领域被引次数排名前 10 位的文献

序号	文献名	发表年份	期刊名称	影响因子	被引次数
1	*Scope for industrial applications of production scheduling models and solution methods*	2014	*Computers & chemical engineering*	3.85	298
2	*Energy-efficient scheduling for a flexible flow shop using an improved genetic-simulated annealing algorithm*	2013	*Robotics and computer-integrated manufacturing*	5.67	268
3	*Optimizing the production scheduling of a single machine to minimize total energy consumption costs*	2014	*Journal of cleaner production*	9.30	266

续表

序号	文献名	发表年份	期刊名称	影响因子	被引次数
4	*Evolving dispatching rules using genetic programming for solving multi-objective flexible job-shop problems*	2008	*Computers & industrial engineering*	5.43	225
5	*Process scheduling under uncertainty: review and challenges*	2008	*Computers & chemical engineering*	3.85	223
6	*A review of operations research in mine planning*	2010	*Interfaces*	1.43	180
7	*Solving the energy-efficient job shop scheduling problem*	2016	*Journal of cleaner production*	9.30	165
8	*Production scheduling and vehicle routing with time windows for perishable food products*	2009	*Computers & operations research*	4.01	160
9	*Automated design of production scheduling heuristics: a review*	2016	*IEEE transactions on evolutionary computation*	11.55	150
10	*The significance of reducing setup times/setup costs*	2008	*European journal of operational research*	5.33	141

数据来源：Web of Science 数据库。

高被引文献中，"*Scope for industrial applications of production scheduling models and solution methods*"被引次数最多，为298次。此文献为关于生产调度的综述性论文，对已有生产调度方法的主要特点和优缺点进行了回顾。其次是"*Energy-efficient scheduling for a flexible flow shop using an improved genetic-simulated annealing algorithm*"，被引268次；再次是"*Optimizing the production scheduling of a single machine to minimize total energy consumption costs*"，被引266次。后2篇文献以降低能源消耗为优化目标，强调可持续地实施生产调度。

（4）关键词分析

关键词是最能体现文献中心概念的词语，对关键词进行分析能够帮助我们快速了解领域内的研究主题和研究热点。生产调度领域高频关键词网络结构如图1.7所示，每个词汇圆圈的大小表示该关键词出现的频次高低，频次越高,圆圈半径越大;关键词之间的连线表示关键词之间的联系。通过对网络结构进行分析,可以得到如下结论:生产调度(production scheduling)出现频次最高,共计 355 次,其余频次在 30 以上的关键词有调度(scheduling)、遗传算法(genetic algorithm)、优化(optimization)、生产计划(production planning)和仿真(simulation),出现频次分别为 168、95、56、33 和 32。从关键词的出现频次和联系来看,生产调度领域的研究主题既有优化算法、模型结构,也有应用系统开发,各研究主题特色鲜明,具有相对明显的区分。

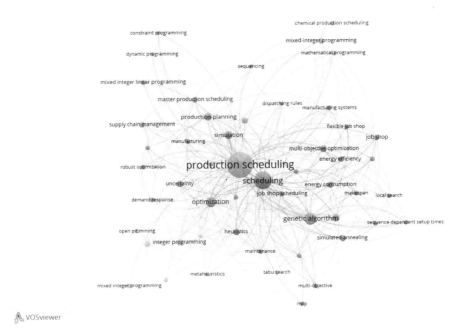

图 1.7 生产调度领域高频关键词网络结构

(5)载文期刊分析

SCI、SSCI 和 AHCI 三大引文数据库中,生产调度领域文献载文量排名前 10 的期刊共刊载文献 472 篇,占全部文献数的 38.5%,如图 1.8 所示。其中 6 份期刊由英国发行,2 份期刊由美国发行,2 份期刊由荷兰发行。

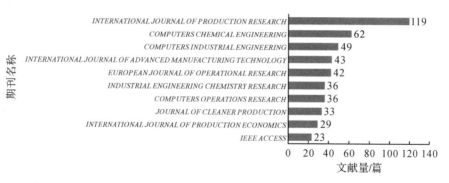

图 1.8 SCI、SSCI 和 AHCI 收录生产调度领域文献载文量排名前 10 的期刊

1.3.2 生产调度建模研究与进展

1)基于工艺过程的生产调度建模方法

(1)状态任务网络

状态任务网络(State Task Network,STN)是一种有向图,用于描述生产过程,包括状态节点、任务节点和链接弧。状态节点表示生产过程中的物料存量,如原料、中间产物或产品的存量[10];任务节点表示生产处理过程,既可描述一项生产任务也可描述几项生产任务的组合,每个任务节点将一种或多种输入状态转化为其他的一种或多种输出状态;链接弧表示物料流。状态任务网络的描述方法为通过状态节点存储的资源和中间产品的情况来确定是否可以进行下一步操作,避免了对复杂操作的顺序描述,而且允许批次的合并与分离。状态任务网络是一种面向生产过程的建模方法,能够比较直观地反映生产过程的实际情况,如图 1.9 所示。Kondili 等[11]首次提出状态任务网络的概念;Bose 等[12]就混合流水生产调度问题,建立了基于状态任务网络的混合整数线性规划模型;Maravelias 等[13]采用状态任务网络的建模方法给出批量生产调度的数学描述。Lee 等[14]利用状态任务网络描述间歇和连续生产调度问题,并将每个任务的开始、进程和结束用二进制变量表示。

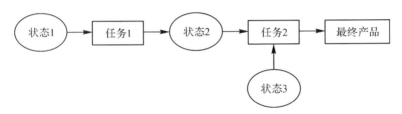

图 1.9　状态任务网络图

（2）资源任务网络

Pantelides[15]于 1994 年提出了资源任务网络（Resource Task Network，RTN）的概念。资源任务网络扩展了状态任务网络的含义，把原料和设备都视为可用资源，基于任务和资源建立模型。其中，任务为虚拟的生产过程，包括间歇任务、连续任务、存储任务和转移任务。与状态任务网络相比，资源任务网络的优点在于将设备生产能力、人力资源和材料等都看作资源约束，有效地简化了复杂工艺的建模过程，如图 1.10 所示。Avadiappan 等[16]针对动态生产调度，提出基于资源任务网络的非线性规划模型。Castro 等[17]对具有设置时间（Setup Time）约束的多生产阶段和多并行机的生产调度问题，提出了基于资源任务网络的非线性规划模型。

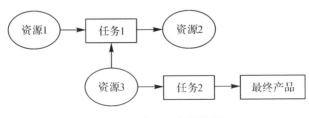

图 1.10　资源任务网络图

2）基于时间表达的生产调度建模方法

（1）基于离散时间的建模方法

基于离散时间的建模方法又称为带有时间下标变量的整数规划建模方法。[18] Bowman 等[19]最早使用此建模方法来处理生产调度问题。离散时间生产调度模型是将调度周期离散划分为若干个等长的时间段（$1, 2, \cdots, T$），其中时间段 t 从 $t-1$ 时刻开始，到 t 时刻结束，每一个生产任务的开始和结束都发生在时间格(Time Grid)的边界上,任务发生与否用 0 或 1 表示,每个时间格内只有一个任务发生,如图 1.11 所示。基于离散时间的建模方法是对原始问题的近似建模方法,它的主要优点是提出了时间格的概念,使各种任务事件都发生在时间格点上,进而将问题转化为组合优化问题,约束条件能够采用比较直接、简单的方式表述。[20]

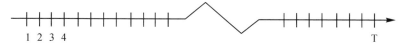

图 1.11 离散时间建模表示

以单机生产调度为例,假设当工件 i 的开始加工时间为 t 时,$x_{it}=1$,否则 $x_{it}=0$,优化目标是最小化最大加工时间(Makespan),则离散时间模型为:

$$min \sum_{i=1}^{n} \sum_{t=1}^{T-p_i+1} w_i(t-1+p_i) x_{it} \tag{1-1}$$

$$\sum_{t=1}^{T-p_i+1} x_{it} = 1, i=1,2,\cdots,n \tag{1-2}$$

$$\sum_{i=1}^{n} \sum_{s=max(t-p_i+1,0)}^{t} x_{is} \leqslant 1, t=1,2,\cdots,T \tag{1-3}$$

$$x_{it} \in \{0,1\}, i=1,2,\cdots,n \tag{1-4}$$

公式(1-2)保证了在任意时刻只有一个工件在单机设备上开始加工,公式(1-3)保证了在同一时刻最多只有一个工件开始加工,公式(1-4)包含了变量的整数性约束。

Lindholm 等[21]提出基于离散时间的混合整数规划模型。Lindholm 等[22]采用的两级分层方法将生产调度通用框架用离散时间模型表示。Yue 等[23]建立了基于离散时间的生产调度模型。虽然基于离散时间的模型具有建模方法简单和易于应用等优点,但由于实际时间是连续的,将时间离散化处理的模型是对实际问题的近似模拟;此外,基于离散时间的建模方法需要估算时间段的数量,这容易造成模型解的精度产生波动,而为了得到比较精确的计算结果,又要求时间段的长度小且数量多,这就导致对实际问题的建模规模太大而难于求解。

（2）基于连续时间的建模方法

20 世纪 90 年代,学者们为解决生产调度问题提出了基于连续时间的建模方法。基于连续时间的建模方法允许生产任务发生在连续时域上的任意时刻,如图 1.12 所示,因此包含更少的变量和求解计算量,这克服了基于离散时间的建模方法中变量多的缺陷,从而能建立结构更复杂的生产调度模型。

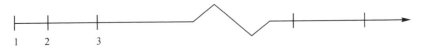

图 1.12　连续时间建模表示

基于连续时间的建模方法主要分为以下 4 类:基于时间槽(Slot-based)的连续时间建模、基于全局事件点(Global Event-based)的连续时间建模、基于特定单元事件点的连续时间建模(Unit-specific Event-based)和基于排序(Precedence-based)的建模。

基于时间槽的连续时间建模将生产调度时域分成若干个时间长度不等的时间槽,所有设备均采用一套时间点,开始和结束必须在时间槽的起止时刻。Lasserre 等[24]首次提出了此类建模方法。Pinto 等[25]提出了一种基于时间槽的连续时间模型,对多阶段多产品生产调度问题进行了研究。Chen 等[26]利用基于时间槽的连续时间表达方式,建立了并行生产设备的单阶段多产品生产调度模型。基于全局事件点的连续时间建模使用一系列通用于所有单元的事件点,即不同单元上的事件在同一个时间体系内发生,单元指在生产中使用的设备,事件点指特定单元时间体系内的一系列时间间隔。该建模方法中事件点的起止时间在优化时域的任意时刻,与基于离散时间的建模方法相比更真实地描述了任务的实际执行情况。基于时间槽的连续时间建模和基于全局事件点的连续时间建模中的事件点和时间槽对于所有设备都是适用的,这 2 种建模方法使用统一的时间框架,如图 1.13 所示。Schilling 等[27]构建了基于全局事件点的连续时间生产调度模型。然而这类模型在建模过程中需要估计和调整时间点的数量,如果时间点的数量不足,将得不到最优解,甚至得不到可行解;如果时间点的数量过多,又会不必要地扩大问题的求解规模,使问题更加难于解决。

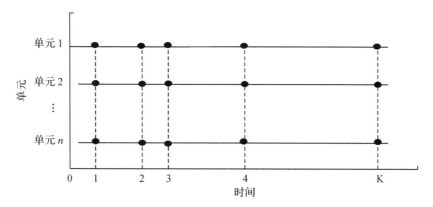

图 1.13　全局连续时间表示

基于特定单元事件点的连续时间建模,是对基于全局事件点的连续时间建模的改进,每个事件都有各自的开始时间和结束时间。由于不同单元的时间体系不同,对于同一事件点的不同单元,事件点的开始和完成发生在不同的时间,如图 1.14 所示,不同单元上的任务事件点的开始时间和结束时间都不同。该建模方法最早由 Ierapetritou 等[28] 提出。近年来,Wu 等[29] 采用该方法构建非凸混合整数非线性规划(Mixed Intege Wolinear Programming,MINLP)模型,应用于多产品的生产调度,Janak 等[30] 提出了一种增强的基于特定单元事件点的间歇生产调度模型。Shaik 等[31] 引入二维变量和连续变量构建基于特定单元事件点的生产调度模型。

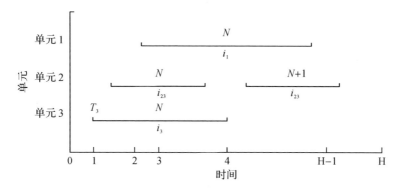

图 1.14　特定单元事件点时间表示

基于排序的建模方法适用于制造系统的拓扑结构为线性结构,生产原料依次流经一个或多个生产阶段且没有分叉、汇聚和循环等情况。此建模方法由 Dyer 等[32] 在 1990 年首次提出,其中排序模型设备的调度时间周期被划分成若干个时间长度不相同的时间槽,生产任务发生在时间槽内,如图 1.15 所示。其排序模型以工件在设备上的加工顺序作为决策变量,Chudak 等[33] 采用了基于排序的建模方法研究单机生产调度问题。Kopanos 等[34] 考虑在有资源约束的生产调度建模中采用基于排序的建模方法。基于排序的建模方法不依赖工件在设备上分配的时间槽,不需要预先确定问题的时间展望期或事件点的个数,模型的规模仅取决于已知的问题参数,从而可以更准确地描述问题,并获得更好的解决方案。在排序模型的解空间方面,生产调度问题的目标值变化范围远远小于排序模型解空间的范围。例如,求解优化目标为最小化最大完工时间的置换流水生产调度问题。假如有 30 个工件,3 台设备,每个工件在每台设备上的加工时间为在区间 $[1,100]$ 均匀分布的随机数,则其目标值变化范围在区间 $[33,3300]$ 之内,而解空间规模为 30!,平均每一个具体目标值对应约 8.1×10^{28} 个不同的排列或解,这表明数量巨大的不同排列或解具有相同的目标值。因此,生产调度问题排序模型的解空间是一个"巨大"且"极为扁平"的空间。空间"巨大"是指解空间内部有各种不同的山峰和低谷,对应为局部极大值和局部极小值;而最高峰顶和最低谷底,即全局极大值和全局极小值之间的差值相对于生产调度问题整个解空间的范围来说又非常小,这使得整个解空间呈现出"极为扁平"的形态。另外,就生产调度排序模型的解而言,不同个体之间没有梯度,2 个相似个体的目标值可能差别较大。基于生产调度问题中排序模型解空间的"极为扁平"性,以及解与解之间的"无梯度"性,用较短时间搜索解空间中极小的区域,就有可能到达较广的目标值区域。

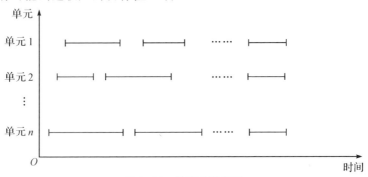

图 1.15 排序时间表示

采用上述建模方法构建的生产调度模型多定位于一般制造业的仿真模拟，但过多假设条件使经典生产调度模型与实际服装制造系统的生产调度之间存在差距，且缺乏考虑服装制造系统特点的生产调度建模研究，尚需深入研究如何构建表达直观、利于优化的服装制造系统生产调度模型。

1.3.3　生产调度优化研究与进展

20 世纪 50 年代，Johnson 提出两阶段多作业的流水车间生产调度问题，揭开了生产调度理论研究的序幕，随后出现了经典的单机、混合流水车间和作业车间生产调度问题，学者们采用解析优化方法，解决了有代表意义的小规模调度问题，标志着经典生产调度理论体系逐步形成。[35]

20 世纪 70 年代，随着对复杂性理论及非确定性多项式（Non-deterministic Polynomial，NP）完全问题研究的兴起，学者们证明了许多生产调度问题是 NP 性质的难题，并不存在有效的多项式解法，因此针对生产调度问题，人们提出了大量有效的简单规则和方法，标志着生产调度理论的基本成熟。

20 世纪 80 年代，生产调度研究不仅仅局限于理论研究，经过长期的学术研究和积累，研究的重点转向了实际问题。

20 世纪 90 年代，遗传算法等自然算法开始应用于生产调度领域，并逐步显示了在解决大规模生产调度问题方面的潜力，此时自然算法成为优化生产调度的主流方法。

生产调度涉及运筹学、系统科学、控制科学、管理科学和计算机科学等多学科，广泛应用于工程技术和经济管理的各个领域，有着深刻的实际应用背景和广阔的应用前景。[36]从简单到复杂，生产调度优化领域涌现出一大批优化算法和工具。总体而言，可将生产调度优化算法归结为精确算法和近似算法。精确算法从生产调度问题全局出发，通过精确求解生产调度问题的解析模型获得最优解。近似算法从生产调度问题当前角度出发，根据决策时间点、设备、生产任务的状况进行优化调度，以获得次优解或近优解。

1)精确算法

精确算法主要有分支定界法、动态规划法等。但随着生产调度问题难度的增加，很难通过精确算法获得最优解且求解时间较长。[37]

（1）分支定界法

分支定界法在 20 世纪 60 年代由 Land 等人提出。其基本思想是对有约束条件的最优化问题的所有可行解空间进行搜索，是对穷举法的一种改进。在具体运算时，算法把全部解空间不断地分割为越来越小的子集，称为分支；并针对每个子集内的解集计算出一个目标下界或上界，这称为定界。在每次分支后，若某个已知可行解集的目标值不能达到当前的界限，则将这个子集舍去，这称为剪支。Xiao 等[38]采用分支定界法求解考虑时间成本和功耗的绿色制造业并行机调度问题。Ozturk 等[39]应用分支定界法求解具有不同任务处理时间和释放时间的并行机生产调度问题。Mokotoff[40]提出用割平面法求解不相关并行机生产调度问题。Wang 等[41]采用分支定界法来求解单机生产调度与预防性维护集成优化问题。Carlier 等[42]、Néron 等[43]采用分支定界法求解混合流水生产调度问题。

（2）动态规划法

20 世纪 50 年代初，美国数学家贝尔曼等人在研究多阶段决策过程的优化问题时，创立了动态规划法。其基本思想也是将待求解的问题分解成若干个子问题，然后从最后一级开始逆向递推到初始状态，最终得到原问题的解。动态规划是求解最优化问题的一种途径，它不具备具体的数学公式和解题方法，不存在通用的方法，必须具体问题具体分析。Fanjul-Peyro 等[44]构建数学规划模型用于解决具有时间约束的不相关并行机生产调度问题。杨宏兵[45]等用动态规划法求解多态单机生产调度与预防性维护集成优化问题。常晓坤等[46]针对不确定环境下等待时间受限的混合流水生产调度问题，建立了两阶段随机规划模型，采用 L 型切面求解算法，在目标为成本期望最小的情况下，得出了这类问题的近似最优解。Webster 等[47]、Hong 等[48]采用动态规划法求解并行机生产调度问题。

2)近似算法

随着生产调度问题涉及规模的扩大及复杂程度的提高，利用精确算法计算的时间呈指数增长，且存在求解空间大和计算困难等问题。此时，学者们意识到传统优化算法的弱点，以及工程领域"满意"角度的实际需求，因此越来越多的学者开始通过在合理的时间范围内得出近优解或次优解的近似算法求解生产调度问题。

（1）基于规则的启发式方法

基于规则的启发式方法是利用特定的知识和经验，将规则与具体问题相结合来决定生产调度方案的方法。基于规则的启发式方法主要建立在领域知识的基础上，并不一定能保证解的最优性，甚至不能确定所得解与最优解的近似程度，但可在较短的时间内获得较满意的调度方案。与传统的精确算法相比，基于规则的启发式方法的优点是直观、简单、实用，且所用的求解时间较短，易于实现。1960 年，Giffer 和 Thompson 提出了一种优先分配框架。1977 年，Panwalkar 和 Iskander 总结了 100 多个生产调度规则，如最短作业优先加工（Shortest Processing Time，SPT）、先进先出（First Input First Output，FIFO）、最早交货期优先加工（Earliest Due Date，EDD）等，并给出每个生产调度规则的定义和出处，将其分为简单优先规则、组合式优先规则、加权优先规则、启发式调度规则和其他规则等 5 类。[49] Hclthaus 和 Rajendran 于 1997 年给出了评价启发式规则性能的 7 个指标，分别是平均在线时间、最大在线时间、在线时间方差、拖期工作比例、平均拖期时间、最大拖期时间和拖期时间方差，这些指标值越小，基于规则的启发式方法的性能就越优，他们还提出了 5 个新的结构简单且性能较佳的启发式规则。[50] Montazeri 等[51]针对柔性制造系统总结了 20 条启发式生产调度规则并分析了这些规则的性能。同时，他们提出可将调度规则与智能优化算法结合使用，这成为近年来启发式生产调度规则的研究方向和研究趋势。[52]李豆豆[53]阐述了基于规则的启发式算法分类情况，给出了启发式生产调度规则应用于智能优化调度算法的一般性框架。Zhang 等[54]提出一种集成最短设置时间优先规则和最早完成时间优先规则的启发式算法，以求解序列相关设置时间的不相关并行机生产调度问题。Jemmali 等[55]、Shen 等[56]基于长作业优先规则求解并行机调度问题。Cassady 等[57]通过制定生产调度规则来求解设备维护和生产调度联合优化模型。周炳海等[58]提出使用启发式算法对流水车间进行生产与预防性维护联合优化调度。苏志雄等[59]提出两阶段启发式算法求解混合流水生产调度问题。启发式生产调度规则算法易于实现,对简单问题能直接求出近优解,对复杂大规模生产调度问题求出的解又可以为智能优化算法提供好的初始解,但是基于规则的启发式方法求解的精度不高,不一定能保证所得解的可行性和最优性。

（2）系统仿真方法

当制造系统的规模和复杂程度较高时,难以用基于数学解析模型的方法进行描述分析。基于系统仿真的生产调度优化方法不单纯追求数学描述,而侧重于对系统运行过程中逻辑关系的描述,对所有分配、排序和时间选择决策的结果进行局部分析,并进行方案间的比较评价,以选择效果最优的生产调度方法和系统动态参数。Artiba 等[60]利用仿真技术开发了生产调度系统。鉴于 Petri 网具有严格数学定义和直观图形表示的优点,该模式能够很好地描述离散制造系统的同步、并行、共享及冲突等系统状态[61],近年来许多学者基于 Petri 网来模拟仿真生产调度问题[62-63]。系统仿真方法是一种实验研究方法,可以处理解析模型无法描述的因素,避开了复杂的数学建模,但仿真费用高且很难得到针对生产调度问题的次优解或最优解,此外,仍需判断调度结果的准确性。为打破上述局限,本部分把系统仿真方法与其他生产调度优化算法结合使用且取得了较好的效果。

（3）自然算法

针对生产调度排序模型中普遍存在的多峰值、非线性等现象,某些基于自然规律的算法取得了较好的优化效果。自然算法也称为智能优化算法,是指以自然界涵盖的生命、生物及生态系统,经济与社会文化系统等,特别是生物体的功能、特点和作用机理为基础,研究其中所蕴含的丰富的信息处理机制,抽取相应的计算模型,研制革新计算系统,并在相关领域加以应用。自然算法可细分为进化算法、生物启发算法、群体智能算法和物理算法等,如图 1.16 所示。自然算法能通过对排序模型解空间极小区域的搜索来实现对目标值较大、较优区域的搜索,是其有效的本质原因。虽然自然算法不能保证一定能求得优化模型的最优解,但自然算法在搜索精度和算法复杂程度之间能达到一种平衡状态,是解决优化问题特别是 NP-Hard 问题的一种有力工具。目前,自然算法在优化服装生产调度中日益受到重视。李彬彬[64]根据服装车间生产作业调度的特点,提炼出混合置换流水生产调度问题,构建了面向订单的服装企业生产调度数学模型,并采用遗传算法求解。凌雪等[65]针对服装生产流水线生产调度问题,以最小化最大完工时间为目标,将遗传算法应用于服装流水生产调度中。刘昌慧等[66]分析了纺织服装企业的生产调度特点,分别以"成本最小化"和"按期交货订单数量最大化"为调度性能指标,建立线性规划模型并采用遗传算法求解。张力文等[67]就服装流水生产调度优化问题,根据订单的重要性、生产成本、工艺约束等因素,通过蚁群算法对该优化问题进行求解。

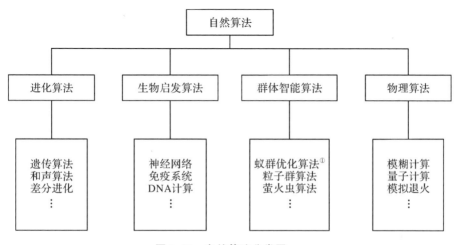

图 1.16　自然算法分类图

(4)人工智能方法

人工智能学科在 20 世纪 60 年代就将生产调度问题作为其研究领域之一。[68]20 世纪 80 年代,以卡耐基梅隆大学的 MFox 为代表的学者们开展基于约束传播的智能调度和信息系统(Intelligent Scheduling and Information System,ISIS)的研究为标志,人工智能方法开始应用于实际生产调度领域。人工智能方法主要有专家系统(Expert System,ES)方法和多智能体系统(Multi-Agent System,MAS)方法。[69]专家系统是一个模拟人类专家解决某领域问题的智能计算机程序系统,其内部含有某个领域专家水平的知识数据库,能针对当前问题的条件或已知信息,反复匹配知识数据库中的规则,

---

① 蚁群优化算法(Ant Colony Optimization Algorithm,ACOA)。

即模拟人类专家的决策过程，能够产生比简单的分配规则复杂得多的规则以解决复杂问题。在生产调度领域，专家系统将传统的生产调度方法与评价体系相结合，根据当前的生产状态和生产调度优化目标，对知识数据库进行有效的启发式搜索和并行模糊处理，以选择最优的生产调度策略，为决策提供支持。该方法的不足之处在于开发周期长，成本高，需要对生产调度问题有丰富的经验积累，且对环境变化的适应性弱，难以维护和升级，求解结果可能会严重偏离最优解或次优解。多智能体系统由多个代理组成，其基本单元是代理，代理可以与其所在环境进行互动，其由3个功能层组成，即管理和组织层、协调层及执行层。李敬花等[70]构建了基于多代理的多型号生产调度系统。Shukla等[71]比较了多智能体系统方法相对于传统生产调度优化方法的优势。王艳红等[72]提出以分布式多代理系统作为新的生产组织和运行模式，综合运用多代理机制与规则调度的方法，实现对敏捷化制造车间生产过程的动态调度。何睿超等[73]提出了一种基于层次赋时着色Petri网与多智能体系统的调度系统建模与仿真方法。多智能体系统可以和ERP、最优生产技术（Optimized Production Technology，OPT）和制造执行系统（Manufacturing Execution System，MES）等结合起来使用。多智能体系统的不足之处就是在理论上有待进一步完善，标准化工作不够，容易导致重复劳动。

（5）拉格朗日松弛算法

拉格朗日松弛算法源于Held等[74]提出的优化旅行商问题。该方法通过使用拉格朗日乘子向量将模型中复杂的约束条件引入目标函数中，将问题分解为相互独立且容易求解的子问题，然后通过梯度法更新拉格朗日乘子，对问题的解进行优化。通过拉格朗日松弛法得到的解并不一定是原问题的合法解，但是与原问题的解有密切关系，并可通过一些方法使其变成原问题的合法解。[75]Kaihara等[76]使用拉格朗日松弛算法求解可重入生产调度问题。Tang等[77]将拉格朗日松弛算法应用于解决流水车间生产调度问题。周炳海等[78]、轩华等[79]基于拉格朗日松弛算法求解混合流水生产调度问题。

上述针对生产调度问题的优化算法在获得最优解或近优解等方面取得

了较好的成效,但对具有 NP-Hard 特性的服装制造系统生产调度问题,还需进一步拓宽研究范围和思路,在现有基础上继续寻找可行的、较高求解精度的优化算法,或者采用合理的算法混合策略,提高求解的质量和效率。

1.3.4 标准工时研究与进展

标准工时是指在正常的生产条件下,以标准的作业方法及合理的劳动强度和速度,完成符合质量要求的工作任务所需要的生产时间。标准工时是服装生产企业编制生产调度方案、改进生产技术、挖掘劳动潜力和提高劳动效率的基础数据,也是企业内部平衡流水线,进行标准化生产管理、成本核算和评价经济效益的重要依据。

众多国内外学者围绕标准工时的测定方法展开了研究。Lan 等[80]采用秒表法测量清洗工序标准工时。Hur 等[81]提出用线性统计模型预测船舶制造的标准工时。杨晶[82]通过查表法结合材料修正系数估算航空产品生产的标准工时。赵晓露等[83]对用秒表法和预定时间标准法确定的皮夹作业标准工时效率进行对比。杨颖等[84]根据船舶焊接标准工时与其影响因素的关联度,进行多元非线性回归分析,构建船舶焊接标准工时测算函数模型。赵文浩等[85]使用回归分析法构建基于航天产品装配工时知识特征和标准工时的关系模型,实现对航天产品装配标准工时的准确估算。邵家伟等[86]采用工艺相似性算法筛选相似数据,拟合船舶装配特征与装配标准工时之间的关系。赵晓露等[87]分析了影响涂胶工序标准工时的 6 个主要因素,并以此为变量建立数学模型预测毛刷涂胶标准工时。

服装缝制是服装生产的重要工序,其成本占服装生产成本的比重较大。服装缝制工序标准工时的正确测定,能有效平衡缝制生产系统的生产节奏,提高生产效率。目前服装生产企业常用的缝制工序标准工时制定方法有秒表法、预定时间标准法(Predetermined Time Standards,PTS)、抽样法和典型工序法。刘德亮[88]采用秒表法实测服装缝制中每一道工序的用时,然后确定缝制各个部件的标准工时,从而得出整件上衣缝制的标准工时。杜劲松等[89]采用预定时间标准法对模板缝制的操作动作进行分析,从而预测模板缝制工序的标准工时。何海洋等[90]采用预定时间标准法测算熨烫工序标准工时。王玲等[91]建立标准工时数据库,对缝制标准工时与工序相似度进行回归分析,得出相似工序标准工时计算模型。高云兵等[92]采用抽样法制定服装缝制标准工时。吴世刚等[93]建立典型工序库和基准标准工时库,采用就近原则选择典型工序基准工时并输入浮余时间参数计算标准工时。

标准工时是服装制造系统生产调度优化的基础数据,对服装生产调度方案的可行性和可靠性具有重要影响。但当前服装生产中普遍采用的基于秒表法的标准工时制定方法受人为因素影响较多,工作量大且不利于企业信息集成;预定时间标准法中的动作研究和分析要经历一个烦琐和长期积累的过程,难以适应柔性服装生产系统的快速标准工时制定要求,且对生产系统变化的适应性也较弱;抽样法对所测试的数据难以固化和统一;典型工序法需要建立庞大而复杂的基础数据库,实际操作比较困难。

1.4　研究内容与结构安排

1.4.1　研究内容

在服装制造系统的生产调度实践中存在以下问题：服装制造系统生产调度的影响因素及驱动机理认知尚待进一步厘清；缺乏适应服装柔性制造系统的快速、准确、动态的标准工时制定方法；经验式生产调度方式难以适应先进制造技术在服装产业的应用。

生产调度建模与优化是建立数字化服装生产车间及服装智能工厂的关键技术之一，也是服装生产企业迫切需要解决的问题之一。本书以服装制造系统生产调度建模和优化研究为核心，辅以服装生产调度影响因素和服装缝制标准时间制定研究，对服装制造系统的生产调度建模和优化关键技术问题进行系统、深入的研究。主要内容如下：

1）服装生产调度影响因素分析

按照开放式编码、主轴编码、选择性编码的程序，采用扎根理论方法探索服装生产调度的影响因素，建立服装生产调度影响因素作用机制模型。在此基础上，构建服装制造系统生产调度优化框架。

2）基于机器学习的服装缝制标准工时制定

标准工时是服装生产企业编制生产调度方案、改进生产技术的基础数据。在服装制造系统生产调度建模和优化过程中需要准确的标准工时信息，且随着先进制造技术在服装产业的不断发展和应用，服装企业对标准工时制定的精度及效率都有了更高的要求。服装缝制是服装生产的重要工序，因此本书提出服装生产调度预处理研究：服装缝制标准工时测算。即在分析当前服装生产标准工时测算应用现状和不足的基础上,提出基于粒子群算法优化支持向量机的服装缝制标准工时制定方法,为服装制造系统生产调度建模和优化提供信息支持。

3)服装制造系统的生产调度建模

就单阶段多机、多阶段单机和多阶段多机 3 种典型服装生产场景,分别建立不相关并行机服装缝制生产调度模型,预防性维护和生产调度集成优化的多阶段单机服装制造系统生产调度模型,多阶段多机服装制造系统生产调度模型。

4)改进智能优化算法,提高处理服装制造系统生产调度问题的性能

针对上述服装制造系统生产调度模型,分别采用改进遗传模拟退火混合算法、改进和声搜索算法、改进双种群遗传算法进行求解,优化各场景生产调度方案的同时,满足生产管理对高生产效率的需求,并通过仿真实验验证算法的有效性。

1.4.2　结构安排

全书共分 7 章,各章内容如下:

第 1 章是绪论,阐述研究背景、研究目的和研究意义等,对生产调度领域进行文献计量分析,了解生产调度领域的重点研究国家、研究机构和研究热点等,并对生产调度相关概念及生产调度建模、生产调度优化和服装缝制标准工时的研究历程和发展现状做阐述与分析。

第 2 章采用扎根理论探索服装生产调度的影响因素,经开放式编码、主轴编码和选择性编码,提炼服装生产调度的相关概念、范畴和主范畴。同时,对概念、范畴、主范畴之间的逻辑关系进行梳理,构建服装生产调度影响因素理论模型。在此基础上,提出服装生产调度优化框架。

第 3 章作为服装制造系统生产调度的前导性研究,采用灰色关联法分析服装缝制标准工时的影响因素,并构建基于支持向量机的多因素模型来制定服装缝制标准工时。为提高模型的运算精度,采用粒子群优化算法

(Particle Swarm Optimization Algorithm,PSOA)对支持向量机的核函数参数和惩罚参数进行寻优。

第 4 章以服装缝制生产调度问题为研究对象,以最小化最大完工时间为优化目标,建立考虑设置时间约束和不相关并行设备生产环境的单阶段多机服装缝制系统生产调度模型,并采用改进遗传模拟退火混合算法求解,经仿真测试验证该算法的有效性和稳定性。

第 5 章以多阶段单机服装生产调度问题为研究对象,因为设备随机故障等不确定因素广泛存在于服装生产过程中,并且对生产调度方案影响较大。为此本研究建立了设备预防性维护和生产调度的集成优化模型,在标准和声搜索算法的基础上,对其音调用微调方式进行相应的改进,提出一种改进和声搜索算法,并通过仿真实验证明算法的有效性。

第 6 章以多阶段多机服装生产调度问题为研究对象,针对服装多阶段多机生产调度问题建立排序模型,模型不仅考虑了时间约束的设置,还考虑了不相关并行设备的生产环境。本模型采用改进双种群遗传优化算法求解并验证算法的有效性。

第 7 章总结研究工作,并对服装制造系统生产调度建模和优化研究趋势进行探讨和展望。

本研究技术路线如图 1.17 所示。

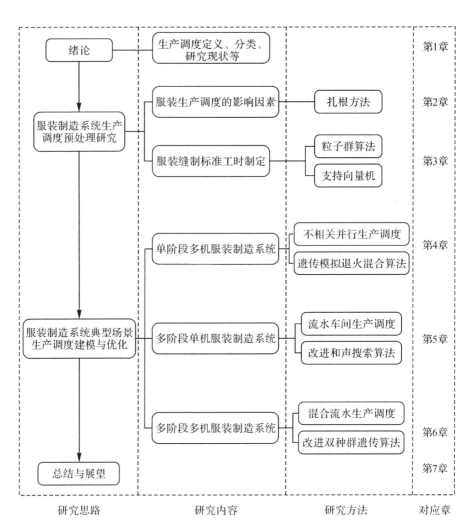

图 1.17 本研究技术路线图

1.5　研究创新点

本研究的创新点如下：

1)分析服装生产调度影响因素并构建服装生产调度优化框架

无论是学术界还是产业界，对究竟是哪些因素影响了服装生产调度众说纷纭，认知上存在差异。本研究首次采用扎根理论来探索服装生产调度的影响因素，并建立服装生产调度影响因素作用机制模型，在此基础上，构建服装生产调度优化框架。

2)探索基于机器学习的服装缝制标准工时测算方法

在分析缝制工序标准工时主要影响因素的基础上，建立基于粒子群算法优化支持向量机的服装缝制标准工时制定模型，并将该模型应用于确定女装缝制标准工时，验证测算方法的实际可行性和有效性。

3)针对服装制造系统的 3 个典型场景，建立生产调度模型，并设计相应的智能优化算法求解

从服装生产实践中选取 3 个典型场景，分别建立了考虑序列相关转款设置时间约束和不相关并行设备约束的服装缝制并行生产调度模型、考虑设备随机故障扰动的服装多阶段单机生产调度与预防性维护集成模型、考虑序列相关转款设置时间和不相关并行设备的服装多阶段多机生产调度模型。精确算法难以求解大规模生产调度问题，启发式算法求解质量不高，为此引入智能优化算法。为提升智能优化算法的全局搜索和局部搜索效率，提出改进遗传模拟退火混合算法、改进和声搜索算法及改进双种群遗传算法分别求解上述 3 种典型场景中的生产调度模型，并通过算例对优化算法的有效性进行了验证。

1.6　本章小结

　　本章介绍了研究背景、研究目的和研究意义等，对生产调度的定义和分类，以及建模和优化算法的研究进展等做了详细的总结和分析，同时描述了本研究的主要内容和组织结构，并阐述了研究创新点。

2

服装生产调度的影响因素及优化框架

2.1 服装生产流程

　　服装生产制造属于典型的离散生产模式。服装生产流程是指经过一系列产前准备,由投入面料、辅料等主要原材料开始,经过裁剪、缝制、锁钉等一系列系统的环节,直至服装成品包装入库的全过程,如图 2.1 所示。

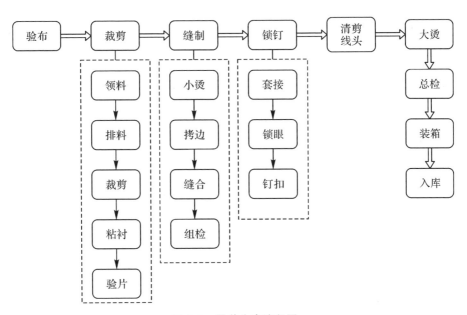

图 2.1　服装生产流程图

1)服装生产准备

　　服装生产准备是指对服装原材料在正式投入生产前所进行的各种生产技术方面的产前准备工作,主要包括服装款式设计、服装样板制作、工艺设计、生产设备准备及标准工时制定等。

2)服装生产

服装生产指直接为制作某种服装产品所进行的一切生产活动,包括服装面料和辅料的排料、画样、裁剪及衣片的缝制、熨烫、包装等,每个生产阶段按劳动分工和使用设备及工具的不同,可划分为不同的工种和生产阶段。

（1）裁剪

裁剪主要是把服装面料或辅料剪切成衣片,包括排料、铺料、算料、验片、编号及捆扎等。

（2）缝制

缝制是整个服装生产过程中技术性较强、工作量最大的生产阶段。缝制是根据服装产品款式及缝制工艺要求,通过合理的缝合,把各衣片组合成成衣的服装生产阶段。

（3）熨烫

服装产品经缝制成型后,还需经过熨烫处理以达到理想的外形,也就是使服装产品造型美观。熨烫一般可分为生产中的熨烫（小烫）和成衣熨烫（大烫）2 类。

（4）品质控制

品质控制是使服装产品质量在整个加工过程中得到保证的一项十分必要的措施,涉及消除生产加工过程中产生的质量问题及制定必要的质量检验标准,具体包括服装样板复核、面辅料质量控制、裁片质量控制、工艺质量控制和成品质量控制等。

3)包装

按包装工艺要求将每一件熨烫好的服装整理、折叠好,然后按装箱单的数量分配装箱。

4)服装生产辅助

服装生产辅助指为保证服装生产过程正常进行所必需的各种辅助生产活动,如设备维修,包装材料加工,服装面料和辅料的采购与供应,原材料、半成品、生产工具等的保管与收发,厂内外的运输,等等。

2.2 服装生产调度的影响因素

无论是学术界还是产业界,对究竟是哪些因素影响服装生产调度众说纷纭,认知上存在一定差异。在这种变量范畴难以确定的情况下,要设计出一份合适的量表并采用定量分析的方法来研究服装生产调度的影响因素及其作用机制可行性较低,所以采用质性研究方法则更为合适。因此本研究采用扎根理论方法来探索服装生产调度的影响因素,并建立了服装生产调度影响因素作用机制模型。

扎根理论源于 Glaser 和 Strauss 合著的《扎根理论的发现》一书,是当前学术领域广受欢迎的一种质性研究方法。[94]所谓扎根理论,就是在界定研究问题的基础上,通过对文献资料的整理和归纳,对资料进行编码分析从而构建理论的方法。[95]具体过程按照开放式编码、主轴编码、选择性编码的程序进行,从原始数据中提炼出概念与范畴,并在研究分析过程中不断对资料和理论进行比较、归纳、分类,直至理论达到饱和。[96]

2.2.1 数据来源

为保证数据来源的可靠性和全面性,本部分采用专家访谈与学术文献资料相结合的方式进行服装生产调度影响因素挖掘[97],具体数据来源为:第一,以"生产调度""production scheduling"为关键词,从中国知网(China National Knowledge Infrastructure,CNKI)、科学引文检索(Web of Science,WOS)等国内外数据库检索相关文献,通过深度甄选和剔除后,留用其中的99 篇文献;第二,采用"非概率抽样-偶遇抽样"方法选取服装生产企业计划管理人员、生产调度管理人员和高校专家教授等 13 人,受访者资料如表 2.1所示,基于开放式问卷进行深入访谈,共获取访谈记录 13 份。最终选取 61篇文献和 11 份访谈记录进行编码处理,其余 38 篇文献和 2 份访谈记录用于检测模型理论饱和度。为了在最大程度上保证质性数据处理过程的系统化，本部分使用质性分析软件 NVivo11 来辅助完成数据的编码工作。

表 2.1 受访者资料表

因素	内容	人数	百分比/%
性别	男	6	46.2
	女	7	53.8
年龄	26—35 周岁	4	30.8
	36 周岁及以上	9	69.2
学历	大专及以下	1	7.7
	本科	9	69.2
	硕士研究生及以上	3	23.1
职业	服装生产企业管理者	10	76.9
	教育科研人员	3	23.1

数据来源：作者计算所得。

2.2.2 编码与范畴提炼

1）开放式编码

开放式编码是一个将所收集资料中的相关内容赋予概念化标签，进而界定概念、发现范畴的操作过程。将所收集的 61 篇学术文献资料和 11 份访谈记录作为挖掘初始概念的母本，据此不停进行比对以寻找与服装生产调度各影响因素较为接近的原始表述，将其逐句分解梳理成独立事件后进行编码。考虑到初始概念及相关表述非常庞杂，因此剔除出现次数低于 2 次的概念及前后相互矛盾的概念。通过反复分析和整理后，共提炼出 47 个概念，总结出 12 个范畴，开放式编码结果如表 2.2 所示。

表 2.2　开放式编码结果

概念(ax)	范畴(Ax)	概念(ax)	范畴(Ax)
并行生产(a1)	生产布局(A1)	交货日期(a25)	任务约束(A7)
单机生产(a2)		工艺要求(a26)	
流水线生产(a3)		产品种类(a27)	
混合车间生产(a4)		生产成本(a28)	
ERP 系统(a5)	信息化基础(A2)	生产计划(a29)	生产特征(A8)
PLM 系统(a6)		生产负荷(a30)	
APS 系统(a7)		生产工序工时(a31)	
GST 系统(a8)		设备不确定(a32)	扰动因素(A9)
WMS 系统(a9)		人员不确定(a33)	
CAD 系统(a10)		需求不确定(a34)	
MES 系统(a11)		工时不确定(a35)	
精益制造(a12)	生产模式(A3)	最大设备利用(a36)	利益需求(A10)
绿色制造(a13)		最少资源利用(a37)	
敏捷制造(a14)		最佳作业顺序(a38)	
众包制造(a15)		最小生产成本(a39)	
智能制造(a16)		最短生产时间(a40)	
设备种类(a17)	装备资源(A4)	最高企业利润(a41)	
设备数量(a18)		启发式算法(a42)	算法技术(A11)
生产面积(a19)		混合优化算法(a43)	
仓储面积(a20)		精确算法(a44)	
面料资源(a21)	物料资源(A5)	数学规划建模(a45)	调度模型(A12)
辅料资源(a22)		仿真建模(a46)	
员工素质(a23)	人力资源(A6)	多智能体建模(a47)	
员工规模(a24)			

2)主轴编码

主轴编码的任务是发现范畴之间的潜在逻辑关系,提炼主范畴。[98]这些逻辑关系可能是过程关系、因果关系、从属关系、相关关系、时间先后关系、结构关系、功能关系、并列关系等。根据开放式编码得到的不同范畴在概念层次上的相互关系和逻辑次序对各个范畴进行归类,例如:生产布局范畴、信息化基础范畴、生产模式范畴是并列关系,将其归纳为服装企业生产环境主范畴;算法技术范畴、调度模型范畴是时间先后关系,将其归纳为生产调度机制主范畴。在主轴编码阶段,共归纳出 4 个主范畴,分别是服装企业生产环境、服装企业制造资源、服装生产任务特征和生产调度机制。除前文已提及的服装企业生产环境主范畴和生产调度机制主范畴外,服装企业制造资源主范畴包含装备资源、物料资源和人力资源这 3 个范畴,服装生产任务特征主范畴包含任务约束、生产特征、扰动因素和利益需求这 4 个范畴。各主范畴及其对应的范畴如表 2.3 所示。

表 2.3　主轴编码形成的主范畴及其对应的范畴

范畴(Ax)	主范畴(AAx)
生产布局(A1)	服装企业生产环境(AA1)
信息化基础(A2)	
生产模式(A3)	
装备资源(A4)	服装企业制造资源(AA2)
物料资源(A5)	
人力资源(A6)	
任务约束(A7)	服装生产任务特征(AA3)
生产特征(A8)	
扰动因素(A9)	
利益需求(A10)	
算法技术(A11)	生产调度机制(AA4)
调度模型(A12)	

3)选择性编码

选择性编码是基于扎根理论研究的三级编码,主要目的是确立主范畴之间的因果和逻辑关系,建立理论模型的核心结构。在选择性编码中,对经过前 2 次编码得出的概念、范畴、主范畴之间的逻辑关系进行梳理,围绕"服装生产调度"这一核心范畴,构建服装生产调度影响因素作用机制模型,如图 2.2 所示,并得到如下"故事线":在服装产业数字化、智能化转型升级的大背景下,服装企业根据生产任务特征和制造资源条件,结合服装企业内部生产环境,通过合理的服装生产调度机制,实施服装生产调度优化。其中,服装生产任务特征和服装企业制造资源是影响服装生产调度的前置因素,它们通过服装生产调度机制影响服装生产调度。服装生产调度机制是影响服装生产调度的中介因素,直接作用于服装生产调度的优化。服装企业内部生产环境作为调节因素,对服装生产任务特征因素和服装企业制造资源因素进行调节。上述 4 个主要因素影响服装生产调度的路径分别是:服装生产任务特征(前置因素)→生产调度机制(中介因素)→服装生产调度,服装企业制造资源(前置因素)→生产调度机制(中介因素)→服装生产调度,服装企业生产环境作为调节因素对前置因素进行调节。

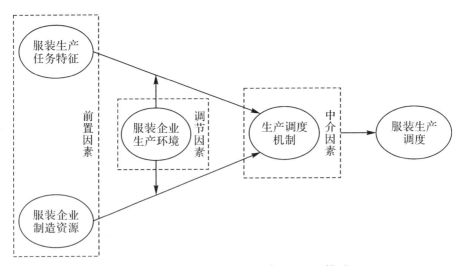

图 2.2　服装生产调度影响因素作用机制模型

2.2.3　理论饱和度检验

用剩余的 38 篇学术文献资料和 2 份访谈记录进行理论饱和度检验,未发现新的概念和范畴,且没有产生新的逻辑关系。由此,可认为上述模型在理论上是饱和的。

2.3 服装生产调度的优化框架

借鉴曾强[99]提出的批量生产车间调度智能优化技术框架,本部分在明晰服装生产调度影响因素及驱动机理的基础上,针对服装生产特点,提出服装生产调度的优化框架,如图 2.3 所示。服装生产调度优化框架自上而下包括目标层、准则层、变量层、方案及技术层、影响因素层等 5 层结构。

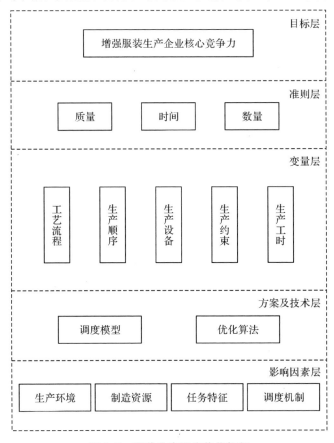

图 2.3　服装生产调度优化框架

2.3.1 目标层

服装生产调度优化的最终目标是增强服装生产企业核心竞争力。"企业核心竞争力"这一概念是在 20 世纪 90 年代由美国学者普拉哈拉德(C. K. Prahalad)和哈默(G. Hamel)提出的,指能够为企业带来比较竞争优势的资源及资源的配置与整合方式。随着企业资源的变化及配置与整合效率的提高,企业的核心竞争力也会随之发生变化。凭借着核心竞争力产生的动力,一个企业就有可能在激烈的市场竞争中脱颖而出,使产品和服务的价值在一定时期内得到提升。以优化生产调度为代表的生产运作管理方式,能有效构造一个效率高、适应能力强的生产运作系统,从而提高企业的生产经营和管理效率,进而增强企业的核心竞争力。

2.3.2 准则层

李杰[100]针对传统服装生产企业提出优化供应链增强核心竞争力的策略,其实质是服装生产企业将正确的产品(Right Product)以正确的质量(Right Quality),在正确的时间(Right Time),按照正确的数量(Right Quantity)交付,并使总成本最小。

2.3.3 变量层

变量层反映的是服装生产调度优化的对象,通过对这些对象进行调整使得上层的目标得到优化。服装生产调度涉及的变量包括工艺流程、生产顺序、生产设备、生产约束和生产工时等。

2.3.4 方案及技术层

服装生产调度优化是组合优化问题,本部分先根据服装实际生产问题的特征建立生产调度优化模型,然后设计智能优化算法对问题加以求解。

2.3.5 影响因素层

如前文所述,服装企业内部生产环境、服装企业制造资源、服装生产任务特征和生产调度机制是影响服装生产调度的主要因素。

2.4 本章小结

本章采用扎根理论探索服装生产调度的影响因素。经开放式编码，本章共提炼出 47 个概念，总结出生产布局等 12 个范畴，同时经主轴编码，共归纳出 4 个主范畴，分别是服装企业内部生产环境、服装企业制造资源、服装生产任务特征和生产调度机制。本章对概念、范畴、主范畴之间的逻辑关系进行了梳理，围绕"服装生产调度"这一核心范畴，得到如下"故事线"：在服装产业数字化、智能化转型升级大背景下，服装企业根据生产任务特征和制造资源，结合服装企业内部生产环境，通过合理的生产调度机制，实现服装生产调度优化。其间，服装生产任务特征和服装企业制造资源是影响服装生产调度的前置因素，它们通过生产调度机制影响服装生产调度。生产调度机制是影响服装生产调度的中介因素，直接作用于服装生产调度的优化。服装企业生产环境作为调节因素，对服装生产任务特征因素和服装企业制造资源因素进行调节。同时，在服装生产调度影响因素理论模型的基础上，本章提出包括目标层、准则层、变量层、方案及技术层、影响因素层等 5 层结构的服装生产调度优化框架。

3

基于粒子群算法
优化支持向量机的
服装缝制标准工时制定

3.1 引言

随着计算机集成制造、数字化生产等先进制造技术在服装产业的不断发展和应用,当今服装产业的发展理念和制造模式发生了重大变革,服装企业对标准工时制定的精度及效率都提出了更高的要求。

机器学习,即能在数据学习中获得规律,从而能较好地解释已知的实例,并且对未来的现象具有解释能力。一些学者采用机器学习的方式进行标准工时的制定。刘子文等[101]、李淑娟等[102]、刘淑红等[103]、钟宏才等[104]应用神经网络模型预测标准工时。方创新等[105]构建了基于多目标粒子群优化极限学习机的工时预测模型。郭超等[106]采用遗传算法优化 BP 神经网络方法开发工时定额系统。商志根等[107]采用核近似算法和支持向量机,围绕单个机械产品的加工进行标准工时制定并取得了良好的结果。虽然不同产业的工艺特点和设备组成有较大区别,但基于机器学习制定标准工时的方法对服装缝制标准工时制定仍具有借鉴意义。神经网络训练时间长,收敛速度慢,网络泛化能力不强,具有一定的局限性。支持向量机是一种新颖的人工智能技术,以其学习泛化能力强大和结构风险小的特点,在小样本、非线性预测领域取得了良好应用效果[108],在很大程度上克服了神经网络"维数灾难"和"过学习"等问题[109]。

本章作为服装制造系统生产调度建模和优化的前导性研究,在分析缝制工序标准工时的主要影响因素的基础上,构建基于粒子群算法优化支持向量机的服装缝制标准工时制定模型,并将该模型应用于制定女装缝制标准工时。本章内容结构安排如下:3.1 节为引言;3.2 节采用灰色关联法分析服装缝制标准工时的影响因素;3.3 节建立基于粒子群算法优化支持向量机的服装缝制标准工时测算模型;3.4 节对实际案例进行测试分析;3.5 节对本章进行小结。

3.2 服装缝制标准工时的影响因素分析

Suehiro 等[110]对羊毛织物接缝能力与力学性能关系的研究表明,织物的力学性能会显著影响服装生产的质量和难度。Anderson[111]认为,服装缝制生产需要先进的生产设备和良好的生产条件,工人的努力程度和技能熟练程度也同样影响缝制生产的效率,专业管理团队和管理实践也会影响缝制工序的标准时间。吴世刚等[93]认为,影响服装缝制标准工时的主要因素是服装缝制所使用的面料、缝边形状、缝边长度、缝型、设备及工序质量标准。在前人研究的基础上,本部分从服装缝制织物参数、工艺特征、设备类型和人员技能等维度着手,选取缝制长度、缝迹密度、抗弯刚度、识物克重、生产批量、悬垂系数、员工工作年限这 7 个因素,作为服装缝制标准工时的影响因素,采用灰色关联法对其与服装缝制标准工时之间的关联性进行分析,并将关联程度较高的主要因素作为支持向量机的输入变量。

3.2.1 灰色关联法

灰色系统理论由邓聚龙教授在 20 世纪 80 年代提出,灰色关联法是灰色系统理论的重要组成部分,也是目前主流的关联度计算模型之一。关联分析用于定量描述事物或参数之间的相互关系或变化趋势,反映了数据序列间的关联程度。灰色关联法的主要研究对象是离散数据变量,用于度量事物之间的关联程度,计算步骤为:

步骤 1:确定参考数据数列和比较数据数列。参考数据数列就是反映系统行为特征的数据序列,比较数据数列就是影响系统行为的数据序列。

步骤 2:系统中各因素的物理意义不同,导致数据的量纲也不一定相同,这不便于比较或在比较时难以得到正确的结论。因此在进行灰色关联度分析时,要对参考数据数列和比较数据数列进行归一化处理。归一化处理方法有初值法、最小值法、均值法等。

步骤 3:计算关联系数。关联程度本质上是参考数据数列与比较数据数列曲线形状的相似程度,比较数据数列与参考数据数列的曲线形状越接近,两者间的关联度越大。本部分采用参考数据数列曲线与比较数据数列曲线间的差值衡量关联程度的大小。关联系数计算公式为:

$$\xi(ij) = \frac{\min\limits_{i}\min\limits_{1 \ll j \ll n}|x_0(j) - x_i(j)| + \rho\max\limits_{i}\max\limits_{1 \ll j \ll n}|x_0(j) - x_i(j)|}{|x_0(j) - x_i(j)| + \rho\max\limits_{i}\max\limits_{1 \ll j \ll n}|x_0(j) - x_i(j)|}$$

$$(3-1)$$

其中,$\min\limits_{i}\min\limits_{1 \ll j \ll n}|x_0(j) - x_i(j)|$ 为两级间最小差距;$\max\limits_{i}\max\limits_{1 \ll j \ll n}|x_0(j) - x_i(j)|$ 为两级间最大差距;ρ 为分辨系数,一般取 $\rho = 0.5$;$|x_0(j) - x_i(j)|$ 为两级间的差距。

步骤 4:关联度计算。关联系数平均值作为比较数据序列与参考数列关联程度的度量值,则关联度计算公式为:

$$r_i = \frac{1}{n}\sum_{j=1}^{n}\xi(ij)$$

$$(3-2)$$

3.2.2 案例计算

Z 公司是一家成立了 29 年的品牌女装生产企业,该公司所生产的 23 个女装款式中的 105 项缝制标准工时及对应影响因素值如表 3.1 所示。

表 3.1 Z 公司缝制标准工时及影响因素

工序编号	标准工时/s	缝制长度/cm	缝迹密度/(线迹数•cm^{-1})	抗弯刚度/(cN•m)	织物克重/(g•m^{-2})	生产批量/件	悬垂系数/%	员工工作年限/年
1	25	24	6	1558×10^{-7}	79	500	21	4
2	64	100	5	5503×10^{-7}	99	260	33	3
3	58	48	5	7769×10^{-7}	106	665	40	3
4	23	30	5	9357×10^{-7}	110	320	44	9
5	32	48	5	4333×10^{-7}	50	680	41	5
6	41	100	6	9216×10^{-7}	109	345	41	5

工序编号	标准工时/s	缝制长度/cm	缝迹密度/(线迹数·cm⁻¹)	抗弯刚度/(cN·m)	织物克重/(g·m⁻²)	生产批量/件	悬垂系数/%	员工工作年限/年
7	32	44	5	4839×10^{-7}	93	260	30	3
8	42	32	5	7247×10^{-7}	99	708	39	4
9	69	152	5	7514×10^{-7}	105	652	39	3
10	71	204	5	9011×10^{-7}	112	380	42	5
11	49	160	5	1683×10^{-7}	72	135	19	6
12	30	10	4	4893×10^{-7}	94	260	31	5
13	51	92	5	7268×10^{-7}	102	526	36	3
14	33	53	6	9115×10^{-7}	108	264	39	3
15	27	12	6	9115×10^{-7}	108	264	39	3
16	30	65	5	4012×10^{-7}	46	380	36	2
17	32	40	5	7869×10^{-7}	84	246	41	5
18	51	92	5	6589×10^{-7}	90	342	36	3
19	15	10	5	4379×10^{-7}	88	268	28	4
⋯	⋯	⋯	⋯	⋯	⋯	⋯	⋯	⋯
105	9	5	6	3998×10^{-7}	76	260	27	3

将缝制长度、缝迹密度、抗弯刚度、织物克重、生产批量、悬垂系数、员工工作年限这 7 个影响因素 $(X_1, X_2, \cdots, X_7)$ 作为比较数据数列：

$$(X_1, X_2, \cdots, X_7) = \begin{bmatrix} x_1(1) & \cdots & x_7(1) \\ \vdots & \ddots & \vdots \\ x_1(n) & \cdots & x_7(n) \end{bmatrix}$$

$X_i = (x_i(1), x_i(2), \cdots, x_i(n))^{\mathrm{T}}, i = 1, 2, 3, 4, 5, 6, 7$。将服装缝制标准工时 (X_0) 作为参考数据数列，记作：$X_0 = (x_0(1), x_0(2), \cdots, x_0(n))$，其中 $n = 105$。在此，利用公式 (3-3) 对参考数据数列和比较数据数列进行归一化处理，其中，x_i 为归一化前原始数据值，x'_i 为归一化后的数据值，x_{max} 和 x_{min} 表示原始数据中的最大值和最小值。

$$x'_i = ((x_i - x_{i_{min}})) / ((x_{i_{max}} - x_{i_{min}})) \tag{3-3}$$

由灰色关联分析得出,选取的影响因素中,与缝制工序标准工时的关联程度最大的因素为缝制长度(0.823),最小的为缝迹密度(0.613),各影响因素与缝制工序标准工时之间的灰色关联度如表3.2所示。当灰色关联度为0.8—1.0时,参考数据数列与比较数据数列之间有着很高的关联程度;当灰色关联度为0.6—0.8时,参考数据数列与比较数据数列有着较高的关联程度;当灰色关联度小于0.5时,参考数据数列与比较数据数列之间关联程度较弱。[112]因灰色关联度都不小于0.6,故认为缝制长度等7个影响因素是服装缝制工序标准工时的主要影响因素,可以作为支持向量机的输入向量。

表 3.2 影响因素与缝制工序标准工时之间的灰色关联度

序号	影响因素	灰色关联度
1	缝制长度	0.823
2	缝迹密度	0.613
3	抗弯刚度	0.714
4	织物克重	0.705
5	生产批量	0.686
6	悬垂系数	0.723
7	员工工作年限	0.657

数据来源:作者计算所得。

3.3 基于粒子群算法优化支持向量机的服装缝制标准工时测算模型

3.3.1 支持向量机

支持向量机是机器学习中的重要方法,由 Cortes 和 Vapnik 于 1995 年提出,该方法适用于中小型样本、非线性、高维的分类和回归问题,在图像识别[112]、故障诊断[113]、负荷预测[114]等模式识别问题中得到广泛应用。支持向量机可分为分类支持向量机和回归支持向量机。

分类支持向量机的基本思想就是在给定的一组数据样本 $D = \{(x_1, Y_1), (x_2, Y_2), \cdots (x_M, Y_M)\}, Y_i \in (-1, 1)$ 中找到一个线性函数,在二维空间中,该线性函数的图形就是一条直线,在三维空间中就是一个平面,以此类推,如果不考虑空间维数,这样的线性函数统称为超平面,如公式(3-4)所示:

$$w^{\mathrm{T}} x_i + b = 0 \qquad (3-4)$$

其中,w 为垂直于超平面的法向量,决定超平面的方向;b 为位移项,决定超平面与原点之间的距离。超平面能将数据集分类,即对任一输入样本 x_P,若 $Y_p = 1$,则有 $w^{\mathrm{T}} x_P + b \geqslant 1$;若 $Y_p = -1$,则有 $w^{\mathrm{T}} x_P + b \leqslant -1$,如公式 3-5 所示:

$$\begin{cases} w^{\mathrm{T}} x_P + b \geqslant 1, Y_p = +1 \\ w^{\mathrm{T}} x_P + b \leqslant -1, Y_p = -1 \end{cases} \qquad (3-5)$$

任一点 x_i 到超平面的距离为:

$$dist = \frac{|w^{\mathrm{T}} x_i + b|}{\|w\|} \qquad (3-6)$$

距离超平面最近的数据点,使得 $w^{\mathrm{T}} x_i + b = \pm 1$ 成立,则被称为"支持向量"。2 个异类支持向量到超平面的距离之和为:

$$r = 2 \frac{|\mathbf{w}^{\mathrm{T}} x_i + b|}{\| \mathbf{w} \|} = \frac{2}{\| \mathbf{w} \|} \tag{3-7}$$

超平面的距离之和称为"间隔"(Margin),分类支持向量机的核心思想是寻找一个超平面,也就是要找到满足公式(3-4)的参数 $\mathbf{w}$ 和 b,使得 2 类数据点的间隔最大,即:

$$max \frac{2}{\| \mathbf{w} \|} \rightarrow min \frac{1}{2} \| \mathbf{w} \|^2 \tag{3-8}$$

$$\mathrm{s.\,t.}\ y_i(\mathbf{w}^{\mathrm{T}} x_i + b) \geqslant 1,\ i = 1, 2, \cdots, m$$

公式(3-8)本身体现一个凸二次规划问题,使用拉格朗日乘子法得到其对偶问题,该问题的拉格朗日函数可以写为:

$$L(\mathbf{w}, b, a) = \frac{1}{2} \| \mathbf{w} \|^2 + \sum_{i=1}^{m} a_i [1 - y_i(\mathbf{w}^{T} x_i + b)] \tag{3-9}$$

分别对 $\mathbf{w}$ 和 b 求偏导,可得:

$$\mathbf{w} = \sum_{i=1}^{m} a_i y_i x_i \tag{3-10}$$

$$\sum_{i=1}^{m} a_i y_i = 0 \tag{3-11}$$

将公式(3-10)和(3-11)代入公式(3-9),可得公式(3-8)的对偶问题的函数:

$$max \sum_{i=1}^{m} a_i - \frac{1}{2} \sum_{i=1}^{m} \sum_{j=1}^{m} a_i a_j y_i y_j x_i x_j \tag{3-12}$$

$$\mathrm{s.\,t.} \sum_{i=1}^{m} a_i y_i = 0, a_i \geqslant 0, i = 1, 2, \cdots, m$$

线性可分支持向量机并不能有效解决非线性问题,为此,支持向量机利用非线性变换将原始变量映射到高维特征空间,在高维特征空间中构造线性函数,使得数据集在这个空间中线性可分,这样既保证了模型具有良好的泛化能力,又解决了"维数灾难"问题。令 $\boldsymbol{\varphi}(x)$ 表示将 x 映射后的特征向量,在高维特征空间中划分超平面所对应的模型可表示为:

$$f(x) = \mathbf{w}^{\mathrm{T}} \boldsymbol{\varphi}(x) + b \tag{3-13}$$

回归支持向量机是在分类支持向量机的基础上发展起来的,假设给定一组数据样本 $D = \{(x_1, Y_1), (x_2, Y_2), \cdots (x_M, Y_M)\}, Y_i \in R$,其基本原理是希望得到一个形如 $f(x_i) = \mathbf{w}^{\mathrm{T}} x_i + b$ 的回归模型,使得回归预测值 $f(x_i)$ 与真实值 Y_i 尽可能接近,如图 3.1 所示。

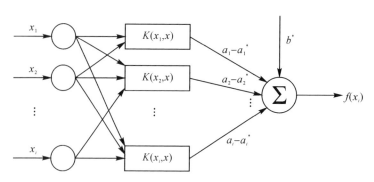

图 3.1 回归支持向量机拓扑图

假设我们能接受 $f(x_i)$ 与 Y_i 之间最多有 ε 的偏差,这相当于以 $f(x_i)$ 为中心,构建一个宽度为 2ε 的间隔带,若样本数据的回归值落入此间,则认为预测是正确的,如图 3.2 所示。

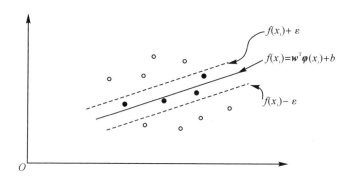

图 3.2 支持向量机回归预测示意图

回归支持向量机问题可形式化为:

$$min \ \frac{1}{2} \parallel w \parallel ^2 + c \sum_{i=1}^m \iota_\varepsilon (f(x_i) - Y_i) \qquad (3\text{-}14)$$

$$\iota_\varepsilon (z) = \begin{cases} 0, |z| \leqslant \varepsilon \\ |z| - \varepsilon, 否则 \end{cases} \qquad (3\text{-}15)$$

引入松弛变量 ξ_i、ξ_i^*,则最优决策函数为:

$$min \ \frac{1}{2} \parallel w \parallel ^2 + c \sum_{i=1}^n (\xi_i + \xi_i^*) \qquad (3\text{-}16)$$

$$\text{s. t. } y_i - w \cdot \boldsymbol{\varphi}(x_i) - b \leqslant \varepsilon + \xi_i$$

$$w \cdot \boldsymbol{\varphi}(x_i) + b - y_i \leqslant \varepsilon + \xi_i^*$$

$$\xi_i \geqslant 0, \xi_i^* \geqslant 0, i = 1, 2, \cdots, n$$

其中，c 是惩罚参数，ε 为估计精度，$\varphi(x_i)$ 为映射函数，ξ_i、ξ_i^* 为训练误差的限值。利用拉格朗日乘子法转换公式(3-16)为对偶形式，所得如下：

$$\min_{a,a^*} L = \frac{1}{2} \sum_{i=1}^{n} \sum_{j-1}^{n} (a_i - a_i^*)(a_j - a_j^*) K(x_i, x_j) + \varepsilon \sum_{i=1}^{n} (a_i + a_i^*) -$$

$$\sum_{i=1}^{n} y_i (a_i - a_i^*) \tag{3-17}$$

$$s.t. \sum_{i=1}^{n} (a_i - a_i^*) = 0$$

$$0 \leqslant a_i \leqslant c, 0 \leqslant a_i^* \leqslant c$$

式中，$K(x_i, x_j) = \varphi(x_i)\varphi(x_j)$ 为核函数，本部分采用径向基核函数 $k(x, x_i) = \exp\left(-\dfrac{\|x - x_i\|^2}{2\gamma^2}\right)$，求解得到的最优拉格朗日乘子向量为 $a = [a_1, a_2, \cdots, a_i]$，$a^* = [a_1^*, a_2^*, \cdots, a_i^*]$，则有：

$$w^* = \sum_{i=1}^{n} (a_i - a_i^*)\varphi(x_i) \tag{3-18}$$

$$b^* = \frac{1}{N_{nsv}} \left\{ \sum_{0 < a_i < c} \left[y_i - \sum_{x_i \in SV} (a_i - a_i^*) K(x_i, x_j) - \varepsilon \right] + \sum_{0 < a_i < c} \left[y_i - \sum_{x_i \in SV} (a_i - a_i^*) K(x_i, x_j) + \varepsilon \right] \right\} \tag{3-19}$$

其中，N_{nsv} 为支持向量个数。最终的支持向量机回归函数为：

$$f(x) = w^* \cdot \varphi(x) + b^* = \sum_{i=1}^{n} (a_i - a_i^*) K(x_i, x) + b^* \tag{3-20}$$

3.3.2 粒子群算法

粒子群优化算法是由 James Kennedy 和 Russell Eberhart 等人于 1995 年通过模拟鸟群觅食行为而创立的一种基于群体协作的智能优化算法。同遗传算法等相比，粒子群优化算法具有收敛速度快、鲁棒性强的特性。

设在一个 S 维的目标搜索空间中，有 m 个粒子，粒子具有 2 个属性：速度和位置，速度代表粒子移动的快慢，位置代表粒子移动的方向。其中，第 i 个粒子的位置为 $X_i = (x_{i1}, x_{i2}, \cdots, x_{iS})$，每个粒子的位置是一个潜在解。将 X_i 代入目标函数能算出其适应度值，根据适应度值的大小衡量解的优劣。第 i 个粒子的速度为 $V_i = (v_{i1}, v_{i2}, \cdots, v_{iS})$。针对每个粒子，在搜索空间中单独搜寻最优解,将其记为当前个体极值,并将个体极值与整个粒子群里的其他粒子共享,找到最优的那个个体极值作为整个粒子群的当前全局最优解。粒子群中的所有粒子根据自己找到的当前个体极值和整个粒子群共享的当前全局最优解来动态调整自己的速度和位置,迭代寻找最优解。第 i 个粒子迄今为止搜索到的最优位置为 $P_i = (p_{i1}, p_{i2}, \cdots, p_{iS})$,整个群体迄今为止搜索到的最优位置为 $P_g = (p_{g1}, p_{g2}, \cdots, p_{gS})$,则粒子的进化公式为:

$$v_{ij}(t+1) = wv_{ij}(t) + c_1 r_{1j}(t)[p_{ij}(t) - x_{ij}(t)] + c_2 r_{2j}(t)[p_{gj}(t) - x_{ij}(t)] \tag{3-21}$$

$$x_{ij}(t+1) = x_{ij} + v_{ij}(t+1) \tag{3-22}$$

公式(3-21)的第一部分是粒子前一时刻的速度,第二部分表示粒子对自身经验的"认知",第三部分表示粒子与其他粒子的"社会共享和合作"。其中,学习因子 c_1 和 c_2 是非负常数,$r_{1j}(t)$ 和 $r_{2j}(t)$ 是相互独立的随机数,服从在区间 $[0,1]$ 上的均匀分布,w 是惯性权重。

粒子群算法步骤如下:

步骤 1:初始化粒子群;

步骤 2:计算每个粒子的适应度值;

步骤 3:将每个粒子的适应度值与其经历过的最优位置 P_i 的适应度值比较,更新个体最优位置;

步骤 4:将每个粒子的适应度值与全体粒子经历过的最优位置 P_g 的适应度值比较,更新全局最优位置;

步骤 5:根据位置公式和速度公式,分别对粒子的速度和位置进行更新;

步骤 6:如果满足终止条件,则输出最优解,否则返回步骤 2。

3.3.3 粒子群算法优化支持向量机

在实际应用中,核函数参数 γ 与惩罚参数 c 的取值直接影响支持向量机的预测性能,人工选取参数值不仅费时费力,而且所得也未必是最优参数。因此,本部分采用粒子群优化算法对核函数参数和惩罚参数进行寻优,优化目标是使得支持向量机的实际输出与预期输出尽可能接近,以提高模型的应用效果。

粒子群算法优化支持向量机的具体步骤如下:

步骤1：把数据归一化处理后，随机划分成训练样本和测试样本；

步骤2：初始化粒子群算法参数，设定核函数参数γ和惩罚参数c的搜索范围；

步骤3：计算每个粒子的适应度值，对适应度值进行定标并更新所有粒子的速度和位置；

步骤4：如果迭代次数已达到最大迭代次数则停止迭代，进入步骤5，否则转步骤3；

步骤5：输出优化值作为支持向量机的惩罚参数和核函数参数；

步骤6：将测试样本输入已经训练好的模型，判断模型的拟合效果。

粒子群算法优化支持向量机的流程如图3.3所示：

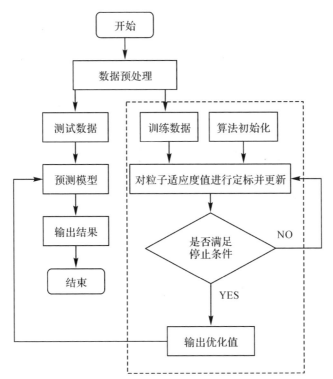

图3.3　粒子群算法优化支持向量机的流程图

3.4　仿真实验与分析

将前文所述粒子群算法优化支持向量机的步骤在 Matlab R2016a 平台上进行编译,在处理器为 Intel(R) Core(TM) i5-6300U CPU @ 2.40GHz、内存为 4.00 G 的便携式计算机上运行。设定粒子群算法参数种群规模 $sizepop=20$,最大迭代次数 $maxgen=200$,加速因子 $c_1=c_2=1.5$;支持向量机惩罚参数 c 的搜索范围为 0.1—150,核函数参数 γ 的搜索范围为 0.01—1000。接着,调用 Matlab 平台自带的 $randperm$ 函数将表 3.1 中的 105 项数据随机划分成训练集数据和测试集数据,调用 $mapminmax$ 数据标准化处理函数对训练集数据和测试集数据进行归一化处理;调用粒子群算法对支持向量机的惩罚参数和核函数参数进行迭代寻优;符合迭代终止条件后,输出惩罚参数和核函数参数的最优值,分别是 $c=100.6993,\gamma=0.01$。粒子群算法适应度曲线如图 3.4 所示。

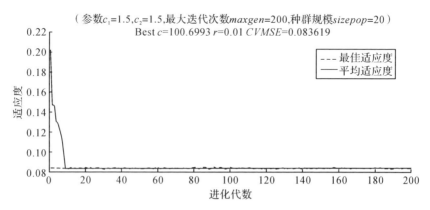

图 3.4　粒子群算法适应度曲线

用均方误差(Mean-Square Error,MSE)衡量"平均误差"是一种较常见方法,其可以用于评价样本实际输出与预期输出数据的差异程度,均方误差的值越小,说明基于粒子群算法优化支持向量机的服装缝制标准工时预测模型的精确度越高。预测模型训练样本的结果如图 3.5 所示,均方误差 $MSE=0.04985$,可决系数 $R^2=0.84809$。预测模型测试样本的结果如图 3.6 所示,均方误差为 0.03585,可决系数 $R^2=0.86388$,表明基于粒子群算法优化支持向量机的服装缝制标准工时制定模型是有效的,验证了模型的泛化能力。

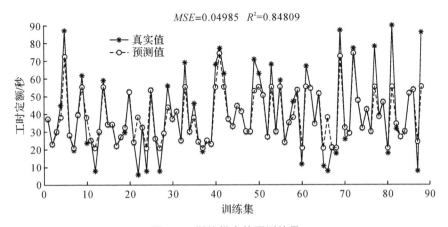

图 3.5　训练样本的预测结果

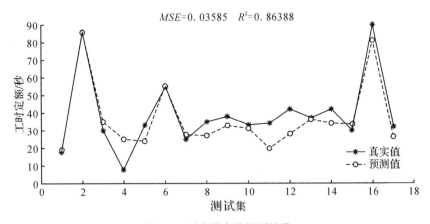

图 3.6　测试样本的预测结果

为了进一步验证基于粒子群算法优化支持向量机的服装缝制标准工时测定模型的有效性,将其与采用交叉验证方法参数寻优的支持向量机模型进行对比。观察均方误差指标(表 3.3)可知,基于粒子群算法优化支持向量机的服装缝制标准工时测定模型对于采用交叉验证方法参数寻优的支持向量机模型预测精度的相对改善率为 69.03%。通过对比可知,采用粒子群算法对支持向量机模型参数进行寻优,可以使支持向量机的训练结果更加准确,从而形成预测精度高、泛化能力优的服装缝制标准工时预测新方法,这在服装生产管理数字化转型中具有一定的应用前景。

表 3.3　不同寻优方法的最优参数及模型性能

优化算法	最优参数值		均方误差
	c	γ	
粒子群算法	101	0.010	0.03585
交叉验证方法	128	0.011	0.11577

数据来源:作者计算所得。

3.5 本章小结

  本章采用灰色关联法分析缝制长度、缝迹密度、织物克重、抗弯刚度、悬垂系数、生产批量、员工工作年限等因素对服装缝制标准工时的影响。经灰色关联法验证，上述 7 个因素与服装缝制标准工时之间有较高的关联度。同时，构建基于支持向量机的多因素模型进行服装缝制标准工时测定，模型的输入变量是缝制长度等 7 个影响因素，模型的输出变量是服装缝制标准工时。为优化模型预测性能，采用粒子群算法对支持向量机的核函数参数和惩罚参数进行寻优，以提高模型的应用效果。实例运用表明，该模型具有较高的拟合度，预测值和实际值的可决系数 $R^2 = 0.86388$，均方误差 $MSE = 0.03585$；该模型对于交叉验证方法参数寻优支持向量机模型预测精度的相对改善率为 69.03%。

4

单阶段多机
服装制造系统的
生产调度建模与优化

4.1　引言

缝制是服装生产的重要阶段,其工作量占整个服装生产过程工作量的比例较高,本章所述的单阶段服装制造系统为仅考虑缝制生产阶段的服装制造系统。随着服装生产步入标准化、自动化和专业化阶段,每道缝制工序都由技术高度专业化的工人负责并配有相应的缝制设备和工具。服装企业根据生产管理实际,在服装缝制生产阶段中可采用单件流水缝制生产系统或捆包流水缝制生产系统配置服装缝制生产线。单件流水缝制生产系统以单件服装产品为加工单位,按工艺流程顺序进行缝制生产,相应的缝制设备排列按照生产流程和工序工作量大小进行配置,具有生产节拍性强、工序间平衡、生产效率高、在制品数量少等优点。单件流水缝制生产系统有直线式和支流式2种。直线式单件流水缝制生产系统是按节拍将整件服装缝制生产流程分为几个或几十个需时相近的工序,服装裁片以件为单位,每位工人负责缝制服装的某一部分,完成后放在储物盒中传送给下一工位的工人,直至全组工人完成整件服装的缝制工序。支流式单件流水缝制生产系统分为主缝制线分生产系统和支缝制线分生产系统。服装的主要部分如衣身送入主缝制线生产系统,衣领、衣袖、衣袋等在支缝制线生产系统先行加工后再送到主缝制线生产系统组合成服装成衣。捆包流水缝制生产系统将服装缝制设备按生产流程排列,工人领到成捆的半成品服装后,负责相应的缝制工序,完工后将半成品服装重新捆扎交给下一工位的工人。在前后工序之间,设置一些储物设备储存半成品,在捆扎的半成品服装上有工票标明准备进行的各个工序,当生产线不平衡时,可以由技术全面的工人进行协调。

在大中型服装生产企业的缝制车间内有并存的数条服装缝制生产系统,将每个服装生产工单视为一个独立的生产任务(工件),生产工单可以由缝制车间内任一缝制生产系统进行生产加工。将一套服装缝制生产系统视为一台独立的设备,则缝制车间内数台性能不一的并行设备,就构成并行机生产环境,如图 4.1 所示,对应的生产调度问题为并行机生产调度问题。为满足顾客的个性化需求,服装生产朝着"品种多样、批量变小、注重交货、减少库存"的方向发展,服装缝制车间也具有生产工单数量多、生产任务重的特征。因此,实现生产调度优化,可提高服装缝制车间的生产效率和并行设备的利用率,提升服装企业经济效益,具有重要的理论意义和工程实际应用价值。

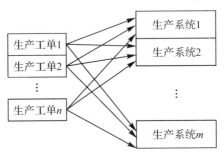

图 4.1 并行机生产示意图

并行机生产调度是制造业中的典型生产调度,也是单机生产调度的推广结果。根据并行设备特征,可以将并行机生产调度分为相同并行机调度(Identical Parallel Machine Scheduling,IPMS)、同类并行机调度(Uniform Parallel Machine Scheduling,UPMS)、不相关并行机调度(Unrelated Parallel Machine Scheduling,UPMS)3 类。相同并行机是指每一工件在所有并行设备上的加工时间相同;同类并行机是具有相同生产功能但具有不同加工参数,且该参数不依赖工件或生产任务的任一组设备;不相关并行机是指工件在这些并行机上的加工时间依赖于并行设备和工件自身。目前,并行机生产调度问题已得到中外学者的广泛研究。Afzalirad 等[115]、Diana 等[116]对具有设置时间的不相关并行机生产调度问题进行了研究。柳丹丹等[117]研究了优化拖期成本和生产能耗的相同并行机生产调度问题。轩华等[118]对不相关并行机的多阶段流水车间的最小化最大完工时间问题进行了求解。邓超等[119]针对带载重约束的三阶段不相关并行机生产调度问题求解最小化最大完工时间。黄元元等[120]提出分布式并行机生产调度问题模型并求解最小化最大完工时间。陈海潮等[121]就具有加工工时线性恶化效应的并行机生产调度问题求解最小化最大完工时间。李峥峰等[122]根据汽车冲压车间的生产特点,提出基于工序约束并行设备的汽车生产双向冲压线生产调度模型。刘文程等[123]针对家纺企业建立优先级特殊工艺约束下的并行机生产调度模型。高家全等[124]研究了特殊工艺约束下的家纺企业不相关并行机生产调度问题。胡大勇等[125]研究了与调整时间与顺序相关的相同并行机生产调度问题。

在生产调度问题中,同一设备因生产加工任务变换需要进行相应的调整转换,调整转换时间即为设备的设置时间。设备设置时间分为序列相关和序列无关2种类型。序列相关设置时间,即设备设置时间取决于所生产工件的前后顺序安排;序列无关设置时间,即设备设置时间与工件生产加工顺序无关。在服装生产过程中,每个生产工单包含一批款式、面料、工艺、颜色等相同的服装产品,将同一生产工单中所生产的所有服装产品视为一个整体,任一生产工单的加工时间等于该工单中所包含所有服装产品加工时间的总和。服装缝制生产系统根据前后相邻生产工单的缝制工艺及其使用的物料型号异同,需要对缝制生产系统内的设备及人员配置进行调整,即服装缝制生产系统转款作业。服装缝制车间多品种、小批量的生产模式导致频繁的生产工单切换,这会产生大量的调整转换时间即缝制生产系统设置时间,且生产工单间工艺要求不一,设置时间又与生产工单排序相关,这不仅降低了服装缝制生产系统的设备利用率和生产效率,还会影响服装产品生产周期和生产效率。因此,在服装缝制车间的生产调度优化过程中,序列相关设置时间是需要明确的。此外,对于服装企业来说,不同的缝制生产系统因人员技能、设备状态等因素导致生产能力不同,则服装缝制车间内并行的数个缝制生产系统为不相关并行生产系统。

根据服装缝制生产阶段的实际特点,本章对考虑序列相关设置时间约束的不相关并行服装缝制生产调度问题进行研究,以所有服装生产工单的缝制生产阶段最大完工时间最小为优化目标。本章内容结构安排如下:4.2节对服装缝制生产调度问题进行描述;4.3节构建服装缝制并行生产调度排序模型;4.4节提出一种改进遗传模拟退火混合算法;4.5节进行仿真实验,验证算法的有效性;4.6节对本章进行小结。

4.2 问题描述

服装缝制车间接收到 n 个独立的服装生产工单,需要在 m 套不相关并行单件流水缝制生产系统或捆包流水缝制生产系统上进行生产加工。生产工单 $j(j \in n)$ 需加工数量确定的同一款服装产品,每个生产工单只需经过 1 个缝制生产系统即可完成所有缝制生产工序。服装缝制车间按生产调度方案对某一缝制生产系统进行投料,完成指定生产工单的加工。生产工单的加工时间取决于所选的缝制生产系统及该工单内包含的服装产品数量。每一个缝制生产系统在加工不同的生产工单时需要进行转款作业,调整转换时间即缝制生产系统设置时间与生产工单的加工顺序相关,同一缝制生产系统上不同的生产工单排列顺序,会产生不同的设置时间及不同的最大完工时间。本章采用 Graham 等[126] 提出的生产调度问题三元组符号,R_m 表示不相关并行机生产环境,s_{ij} 表示生产设备序列相关调整转换时间,C_{max} 表示最大完工时间,本章的单阶段多机服装制造系统生产调度问题可描述为:$R_m / s_{ij} / C_{max}$。

4.3 数学建模

为了更好地用数学模型描述实际生产调度问题,在考虑服装缝制生产过程特点的基础上,本部分提出如下假设条件:

第一,所有服装缝制生产系统在 $t=0$ 时刻都可以使用,不考虑等待时间;

第二,每一生产工单对应需生产的服装产品数量已知且确定;

第三,相同生产工单在不同缝制生产系统上的加工时间已知;

第四,每个生产工单在生产过程中不能中断,且可以在任意 1 个缝制生产系统上进行生产加工;

第五,每个缝制生产系统同一时间最多加工 1 个生产工单;

第六,生产工单没有加工特权。

符号定义如下:

n:需生产加工的服装生产工单总数;

m:服装缝制生产系统总数,$m>1$;

k、j:服装生产工单编号,$1 \leqslant k,j \leqslant n$;

i:服装缝制生产系统编号,$1 \leqslant i \leqslant m$;

C_i:服装缝制生产系统 i 加工完成所分配的全部生产工单的完工时间;

C_{max}:所有生产工单的最大完工时间;

t_{ij}:服装生产工单 j 在服装缝制生产系统 i 上的加工时间;

s_{jk}:生产顺序由工单 j 切换到工单 k 时,服装缝制生产系统的设置时间;

$x_{jk}{}^{i}$:如果生产工单 k 在服装缝制生产系统 i 上进行加工且紧接着上一生产工单 j,则 $x_{jk}{}^{i}=1$,否则,$x_{jk}{}^{i}=0$;

w_{ij}:如果生产工单 j 在服装缝制生产系统 i 上加工,则 $w_{ij}=1$,否则,$w_{ij}=0$。

生产调度问题主要涉及 2 类模型:一类是数学规划模型,由目标函数和多条显式约束组成;另一类是排序模型,由计算各工件在不同设备上的开始加工时间公式组成,约束隐式包含在问题解的排序编码中。本部分采用排序模型。公式(4-1)表示每个生产工单只能安排在一套缝制生产系统上,根据生产工单在各服装缝制生产系统上的分配及排序,通过公式(4-2)计算各服装缝制生产系统的所有生产工单的加工时间及设置时间总和,再通过公式(4-3)计算得出的总和最大者即所有服装生产工单的最大完工时间。

$$\sum_{i=1}^{m} \sum_{j=1}^{n} w_{ij} = 1 \tag{4-1}$$

$$C_i = \sum_{j=1}^{n} w_{ij} \, t_{ij} + \sum_{j=1}^{n} \sum_{k=1}^{n} x_{jk}{}^i s_{jk} \tag{4-2}$$

$$C_{max} = max\{C_i\} \quad i = 1, 2, \cdots, m \tag{4-3}$$

最小化所有生产工单的最大完工时间目标函数为:

$$F = minC_{max} \tag{4-4}$$

4.4　优化算法

基于规则的启发式方法虽能在较短时间内得到较优解,但对问题的设置具有严格限制,且解的质量往往不尽如人意,通用性较差。[127]智能优化算法具有求解速度快、普适性强、求解质量高等优点。宋海草等[128]以最小化总拖延时间为优化目标构建了并行机调度数学模型,并应用遗传禁忌搜索算法进行求解。刘美瑶等[129]针对考虑预防性维修的分布式不相关并行机调度问题,提出了新型人工蜂群算法以最小化最大完工时间。李雯璐等[130]针对不相关并行机调度问题,面对降低能源消耗和减少完工时间的目标,提出基于十进制整数编码的多目标灰狼算法。高潮等[131]将粒子群算法用于优化并行机调度问题。史烨等[132]对相同并行机调度问题的模拟退火算法(Simulated Annealing,SA)开展研究。顾文斌等[133]针对相同并行机混合流水车间调度问题,提出基于激素调节机制的改进粒子群算法。其他智能优化算法求解并行机生产调度问题的潜力仍有待进一步探讨。

4.4.1　遗传算法

遗传算法是美国密歇根大学的 Holland 教授在达尔文生物进化论的启发下,于 20 世纪 70 年代提出的将"优胜劣汰、适者生存"的规则与群体内部染色体信息随机交换机制相结合的一种高度并行、随机和自适应的智能优化算法。遗传算法将优化问题的解表示为染色体,每个染色体称为种群(Population)的个体,通过特定的编码方式建立原问题的解空间与染色体编码空间之间的映射关系。通过种群的不断演化,根据目标适应度值对每个染色体进行评价,以全局并行搜索的方式来优化种群中的个体,最终收敛到"最适应环境"的最优个体,从而求得问题的最优解或近优解。随着计算机技术的发展,遗传算法已被人们广泛地应用于工业生产、经济管理、交通运输、工业设计等不同领域,解决了诸如可靠性设计、作业车间生产调度、流水车间生产调度、设备布局设计、图像处理及数据挖掘等复杂系统的设计与优化问题。[134]

　　遗传算法有 3 个基本的遗传算子(Genetic Operator),分别是选择算子(Selection Operator)、交叉算子(Crossover Operator)和变异算子(Mutation Operator)。从种群中选择优秀个体,淘汰劣质个体的操作叫选择,选择算子有时又称为再生算子(Reproduction Operator)。选择算子基于每个染色体的适应度值,按照一定的规则从上一代种群中选择出一些优良的个体遗传到下一代种群中。选择的原则是适应性强的个体为下一代贡献后代的概率大,这体现了达尔文的适者生存原则。选择算子对遗传算法性能起到举足轻重的作用,不同的选择策略将导致不同的选择压力,即下一代中父代个体复制数目的不同分配关系。常用的选择策略有轮盘赌选择(Proportionate Roulette Wheel Selection)、锦标赛选择(Tournament Selection)和线性排名选择(Linear Ranking Selection)等。生物进化过程中起核心作用的是生物遗传基因的重组。同样,遗传算法中起核心作用的是遗传操作中的交叉算子,通过交叉操作可以得到新一代个体。所谓交叉,就是将种群内的个体随机搭配成对,即针对每一对父代个体,基于交叉概率(Crossover Rate)将 2 个个体的部分基因位进行交换重组而生成新个体。交叉操作体现了信息交换的思想,通过交叉,遗传算法的全局搜索能力得以提高。在解决以整数序列编码为特征的生产调度优化问题方面具有突出性能的常用交叉策略有部分匹配交叉(Partial Mapped Crossover,PMX)、顺序交叉(Order Crossover,OX)和基于位置的交叉(Position Based Crossover,PBX)等。变异是对种群中的个体基于变异概率(Mutation Rate)改变某一个或某一些基因位上的基因值。遗传算法引入变异算子使得自身具有局部随机搜索能力,当遗传算法通过交叉算子接近最优解邻域时,利用变异算子的这种局部随机搜索能力可以加速向最优解收敛。同生物界一样,遗传算法中变异发生的概率很低。

　　染色体编码、初始群体生产、适应度函数设计、遗传操作设计、控制参数设定 5 个要素组成了遗传算法的核心内容。[135]

　　标准遗传算法的执行流程如下:

步骤1:将算法参数初始化,产生初始种群。

步骤2:适应度值计算。计算种群中的每一个个体的适应度值,以此作为选择操作的依据。

步骤3:选择运算。以适应度值为依据采用合理的选择策略,适应度好的个体有更大的概率被保留下来。

步骤4:交叉运算。一个子代主要由父代两两交叉产生。

步骤5:变异运算。为防止过早收敛或只收敛于局部最优解,要增加种群多样性,便每个个体有一定的概率进行随机的变异。

步骤6:若满足运算终止条件,则结束运算,输出结果。

遗传算法流程如图4.2所示。

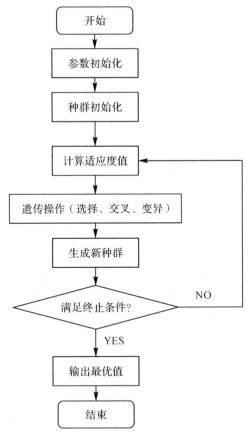

图 4.2　遗传算法流程图

4.4.2　模拟退火算法

模拟退火算法由 Kirkpatrick 等人于 1983 年引入生产调度优化领域,它是基于 MonteCarlo 迭代求解策略的一种随机寻优算法。其出发点是基于固体物质的退火过程与一般组合优化问题之间的相似性,利用具有概率突跳特性的 Metropolis 准则在解空间中进行随机搜索,以一定概率接受劣质个体,表现出概率突跳能力。模拟退火算法将内能模拟为目标函数值,将温度模拟为控制参数,从某一给定解出发,在其邻域随机产生一个新解,算法持续进行着"产生新解—计算目标函数差—接受或舍弃"的过程,经过大量的解变化后求得最优解,然后在温度不断下降的过程中通过重复采样,最终得到问题的全局最优解。模拟退火算法的步骤如下:

步骤 1:算法初始化并从可行解空间中选取一个解为初始解,并计算其适应度值;

步骤 2:随机扰动产生新解,并计算其适应度值;

步骤 3:评估新解,计算旧解与新解的适应度值之差,若差值小于零,则接受新解,以新解替代旧解进入下一循环;若差值大于零,则根据 Metropolis 准则决定是否保留新解;

步骤 4:如未达到算法迭代次数,则返回步骤 2,否则进入步骤 5;

步骤 5:如未达到终止条件,则执行退温操作,否则运算结束,输出最优解。

模拟退火算法流程如图 4.3 所示。

4.4.3　改进遗传模拟退火混合算法

作为一种广泛应用于求解生产调度问题的方法,遗传算法具有适用性强、并行处理能力良好及运行效率高等优点,但是在遗传算法中,父代产生的子代个数与父代个体的适应度成正比,这容易导致种群的多样性衰退,使得遗传算法在后阶段处于停滞不前的状态,造成算法过早收敛于局部最优。模拟退火算法对于整个解空间搜索掌握的情况不够,以至于算法搜索效率不高[136],但其局部空间搜索能力具有高效性、鲁棒性强的特点。为克服上述 2 种算法各自的弱点,许多学者尝试将遗传算法与模拟退火算法相结合构

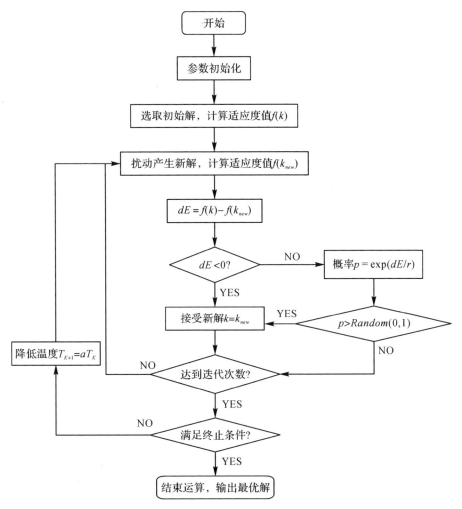

图 4.3　模拟退火算法流程图

成遗传模拟退火混合算法,借用遗传算法对优化问题进行全局搜索,使得问题的解处在一种较好的状态下,然后对通过遗传算法得到的新种群再使用具有概率突跳机制的模拟退火算法做进一步局部搜索,从而得到求解问题的全局最优解。陈应飞等[137]基于遗传模拟退火混合算法对柔性制造系统的生产调度进度优化。郑小虎等[138]基于遗传模拟退火混合算法求解最小化最大完工时间和设备利用率最大化的纺纱车间生产调度模型。王娟等[139]基于遗传模拟退火混合算法求解自动化制造单元周期生产调度问题。王家海等[140]将遗传模拟退火混合算法应用在解决柔性作业车间生产调度问题上。模拟退火算法解决了遗传算法容易"早熟"的问题,遗传算法提高了模拟退火算法较弱的全局搜索能力,同时可以为模拟退火算法提供一个较好的初始解空间。本部分采用模拟退火算法与遗传算法相结合产生的改进遗传模拟退火混合算法(Improved Genetic Simulated Annealing Algorithm,IGSAA),针对每一代遗传运算产生的新种群,使用模拟退火算法对其中的个体逐一进行优化,得到新一代种群,避免收敛于局部最优。这既保留了遗传算法的优点,又融合了模拟退火算法的长处,两者相结合能够取长补短。改进遗传模拟退火混合算法的流程如图 4.4 所示。

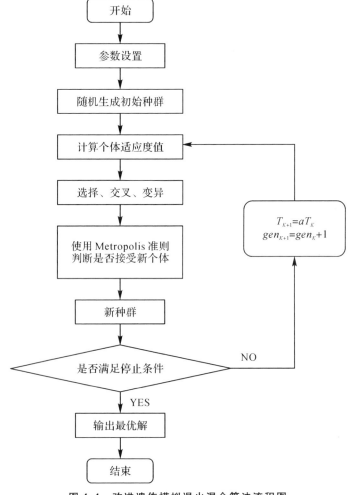

图 4.4　改进遗传模拟退火混合算法流程图

改进遗传模拟退火混合算法的操作步骤如下：

步骤 1：参数初始化，设置种群大小、最大进化代数、交叉概率、变异概率、退火初始温度、阈值温度及温度冷却系数等，随机生成初始种群。

步骤 2：计算每个个体的适应度值 f_i。

步骤 3：进行选择、交叉、变异操作，形成新的种群并计算个体适应度值 f_i'。

步骤 4：随机生成新的染色体，适应度值为 f_{new}，对每个个体执行退火操作。即计算 $\Delta E = (f_i' - f_{new})$，若 $\Delta E < 0$，则用新生成的个体替换旧个体；否则产生一个介于 0 到 1 之间的随机数。当随机数大于接受概率 $p = \exp\left(-\dfrac{\Delta E}{T_K}\right)$ 时，不接受新生成的个体替换旧个体；当随机数小于 p 时，接受新个体，最后得到新一代种群。

步骤 5：判断是否满足迭代终止条件，若满足终止条件，则算法终止并输出最优解，否则执行降温操作并转至步骤 2，进行新一轮的迭代。

4.4.4 算法实现

1) 编码与解码

采用整数编码，每个染色体是由 $n+m-1$ 个基因位所构成的随机序列，其表示解空间中的一个解。其中，当基因位上的数值为 1 到 n 时，对应 n 个生产工单的编号；当基因位上的数值为 $(n+1)$ 到 $(n+m-1)$ 时，数值作为分隔符，也就是说分隔符左边和右边的生产工单在不同的服装缝制生产系统上加工。据此可知 $m-1$ 个分隔符能将 n 个生产工单分成 m 个子序列，每个缝制生产系统上加工的生产工单按照子序列上的生产工单编号依次加工。通过上述编码方式可保证每个解都是可行的，无不可行解存在。

假设待加工的服装生产工单数为 9 个，缝制车间拥有的不相关缝制生产系统数为 3 套，则染色体编码（3,1,2,8,10,6,4,11,7,5,9）代表一个可行生产调度解，其中 1—9 号为生产工单编号，10 和 11 号表示分隔符，由此可得生产工单在缝制生产系统上的分配及加工序列。服装缝制生产系统 1 加工 4 个生产工单，工单编号及加工顺序为 3,1,2,8；服装缝制生产系统 2 加工 2 个生产工单，工单编号及加工顺序为 6,4；服装缝制生产系统 3 加工 3 个生产工单,工单编号及加工顺序为 7,5,9。图 4.5 给出了完整的改进遗传模拟退火混合算法编码与解码示意图。

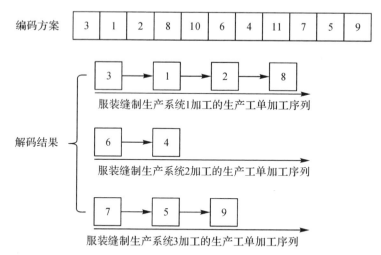

图 4.5 改进遗传模拟退火混合算法编码与解码示意图

2)初始化种群

采用随机方式生成符合改进遗传模拟退火混合算法规模要求的初始种群,最大限度地将初始解分散在整个解空间,避免"早熟"问题。

3)适应度函数

适应度函数用来度量遗传算法中染色体的适应度,以最大完工时间 C_{max} 为目标函数,适应度函数设置为目标函数值的倒数,目标函数值越小,其适应度函数值就越大,即生存能力越强。适应度函数定义为:

$$f_k = \frac{1}{C_{max}(k)} \tag{4-5}$$

式中,$C_{max}(k)$ 表示第 k 个染色体所代表的生产调度方案所有生产工单的最大完工时间。

4)选择算子

遗传算法中选择算子的作用是可以从当前种群中选出优良个体,使得优良个体有更大的机会被保留下来并将其优良信息传递给下一代,因而可以逐步地向最优解靠近,也被称为再生操作。本部分采用轮盘赌选择策略实现改进遗传模拟退火混合算法的选择操作,根据父代个体的适应度,使用公式(4-6)计算个体选择概率。在这种选择策略下,将使适应度函数值大的父代染色体复制到下一代的数目较多,而适应度函数值较小的父代染色体复制到下一代的数目较少。父代个体 i 被选择的概率为:

$$P(S_i) = f_i / \left(\sum_{i=1}^{n} f_i \right) \tag{4-6}$$

5)交叉算子

采用基于位置的交叉算子以提高算法在整个解空间的寻优效率。具体步骤如下:

步骤1:根据交叉概率确定交叉操作是否进行。若进行交叉,则在父代个体(P1,P2)基因位 $(1, n+m-1)$ 之间随机产生一些交叉点,将交叉点上的基因值复制到子代个体(C1,C2)对应的基因位上,产生临时子代。

步骤2:删除父代个体(P1,P2)与临时子代个体(C1,C2)相同的基因值。

步骤3:根据从左到右的顺序将父代个体(P1,P2)剩余基因位上的基因值从左至右依次填入临时子代个体(C1,C2)余下的基因位里,从而生产新子代。

以有9个待加工的服装生产工单,有3条并行服装缝制生产系统为例。父代个体(P1,P2)的编码分别为(3,1,2,8,10,6,4,11,7,5,9)和(4,8,3,10,2,5,7,1,11,9,6)。选中的交叉点为2、5、8、11,临时子代个体(C1,C2)分别为(* ,8, * , * ,2, * , * ,1, * , * ,6)和(* ,1, * , * ,10, * , * ,11, * , * ,9),填入父代剩余基因后,子代个体(C1,C2)最终编码分别为(3,8,10,4,2,11,7,1,5,9,6)和(4,1,8,3,10,2,5,11,7,6,9),如图4.6所示。

6)变异算子

变异是指将个体编码中的某些基因值用其他基因值代替,从而生成一个新个体,本部分采用反转逆序变异(Inversion Mutation)的操作方法。根据变异概率确定变异是否进行,若进行变异,则随机选择候选解的2处位置,

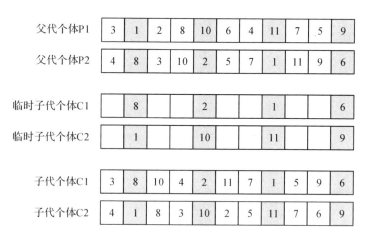

图 4.6　改进遗传模拟退火混合算法交叉操作

逆转这 2 处位置间的基因值,从而生成新的编码方案。

子代个体 C1 的编码为(3,8,10,4,2,11,7,1,5,9,6),选中染色体中的基因位置 3 和基因位置 8,将这 2 处位置间的基因值排序逆转从而生成新的编码方案,则经变异操作后的子代个体 C1 为(3,8,1,7,11,2,4,10,5,9,6),如图 4.7 所示。

图 4.7　改进遗传模拟退火混合算法变异操作

4.5 仿真实验与分析

4.5.1 实验环境

在 Matlab R 2016a 平台上进行算法编译和仿真测试,所有试验均在便携式计算机上完成,处理器参数为 Intel(R) Core(TM) i5-6300U CPU @ 2.40GHz,内存为 4.00G。

4.5.2 参数校验

智能优化算法求解的质量与参数的选择息息相关,本部分借助正交实验法对改进遗传模拟退火混合算法相关参数进行校验以提升算法的收敛速度和搜索效率。改进遗传模拟退火混合算法的重点参数为:种群规模、交叉概率、变异概率、迭代次数、退温速度和初始温度。参考付立东等[141]采用的参数设置水平,本算法各重点参数在不同水平下的取值如表 4.1 所示。表 4.2 给出了 18 组正交实验设计,正交实验设计表中各参数的数量水平使用数字表示,比如交叉概率的数字 1 表示 0.4,数字 2 表示 0.6。

表 4.1 改进遗传模拟退火混合算法的重点参数在不同水平下的取值情况

编号	种群规模	交叉概率	变异概率	迭代次数	退温速度	初始温度
1	300	0.4	0.1	200	0.6	4000
2	400	0.6	0.2	300	0.7	8000
3	500	0.9	0.3	500	0.8	10000

表 4.2　改进遗传模拟退火混合算法重点参数校验正交实验设计表

编号	种群规模	交叉概率	变异概率	迭代次数	退温速度	初始温度
1	1	1	1	1	1	1
2	1	1	2	2	3	3
3	1	2	1	3	3	2
4	1	2	3	1	2	3
5	1	3	2	3	2	1
6	1	3	3	2	1	2
7	2	1	1	3	2	3
8	2	1	3	1	3	2
9	2	2	2	2	2	2
10	2	2	3	3	1	1
11	2	3	1	2	3	1
12	2	3	2	1	1	3
13	3	1	2	3	1	2
14	3	1	3	2	2	1
15	3	2	1	2	1	3
16	3	2	2	1	3	1
17	3	3	1	1	2	2
18	3	3	3	3	3	3

数据来源:摘自 SPSSAU。

　　对于固定款式的服装缝制生产系统,如裤装缝制生产系统、衬衫缝制生产系统、西服缝制生产系统等,由于不同款式同属于一个品类,只是产品设计细节发生变化,因此不同生产工单的生产转款较为容易,缝制生产系统转款所需的设置时间较短。而对于使用如时尚女装缝制生产系统生产裙装、棉衣等不同品类,其面料也千变万化,因而缝制生产系统转款所需的设置时间较长。假设每个生产工单的缝制加工时间为在[20,40]区间内均匀分布的随机整数,转款设置时间为在[5,10]区间内均匀分布的随机整数。选取

算例 $n = 20, m = 4$ 的测试结果进行算法参数校验,为避免结果的随机性,每种参数组合下均独立运行 20 次后得到实验结果,将算法独立运行 20 次输出结果的平均值作为响应变量,表 4.3 为正交试验仿真结果。

表 4.3 改进遗传模拟退火混合算法重点参数校验正交实验仿真结果

编号	种群规模	交叉概率	变异概率	迭代次数	退温速度	初始温度	平均值
1	300	0.4	0.1	200	0.6	4000	177.8
2	300	0.4	0.2	300	0.8	10000	174.7
3	300	0.6	0.1	500	0.8	8000	175.9
4	300	0.6	0.3	200	0.7	10000	176.5
5	300	0.9	0.2	500	0.7	4000	175.6
6	300	0.9	0.3	300	0.6	8000	175.3
7	400	0.4	0.1	500	0.7	10000	178.1
8	400	0.4	0.3	200	0.8	8000	178.6
9	400	0.6	0.2	300	0.7	8000	175.1
10	400	0.6	0.3	500	0.6	4000	174.8
11	400	0.9	0.1	300	0.8	4000	176.4
12	400	0.9	0.2	200	0.6	10000	176.7
13	500	0.4	0.2	500	0.6	8000	176.4
14	500	0.4	0.3	300	0.7	4000	175.8
15	500	0.6	0.1	300	0.6	10000	177.8
16	500	0.6	0.2	200	0.8	4000	175.6
17	500	0.9	0.1	200	0.7	8000	181.1
18	500	0.9	0.3	500	0.8	10000	175.3

数据来源:作者计算所得。

正交试验极差分析结果如表 4.4 所示,通过极差值的大小对比可知,改进遗传模拟退火混合算法的 6 个重要参数中变异概率是最优参数,剩下的依次是迭代次数、初始温度、种群数量、退温速度和交叉概率。

表 4.4　改进遗传模拟退火混合算法重点参数校验正交实验极差分析表

项 水平		种群数量	交叉概率	变异概率	迭代次数	退温速度	初始温度
K 值	1	1055.8	1061.4	1067.1	1066.3	1058.8	1056.0
	2	1059.7	1055.7	1054.1	1055.1	1062.2	1062.4
	3	1062.0	1060.4	1056.3	1056.1	1056.5	1059.1
K avg 值	1	175.97	176.90	177.85	177.72	176.47	176.00
	2	176.62	175.95	175.68	175.85	177.03	177.07
	3	177.00	176.73	176.05	176.02	176.08	176.52
最佳水平		300	0.6	0.2	300	0.8	4000
极差值		1.03	0.95	2.17	1.87	0.95	1.07

数据来源:作者计算所得。

　　各参数的响应趋势如图 4.8 所示,各参数水平对应的响应平均值越小,代表参数水平越好,则退温速度的第 3 个水平(即 0.8)为最优水平,迭代次数的第 2 个水平(即 300)为最优水平,变异概率的第 2 个水平(即 0.2)为最优水平,种群数量的第 1 个水平(即 300)为最优水平,交叉概率的第 2 个水平(即 0.6)为最优水平,初始温度的第 1 个水平(即 4000)为最优水平。

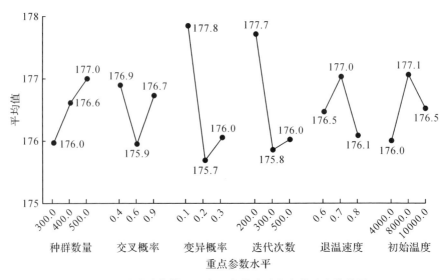

图 4.8　改进遗传模拟退火混合算法重点参数响应趋势图

4.5.3 算法有效性验证

为验证改进遗传模拟退火混合算法求解序列相关设置时间的服装缝制生产系统并行机生产调度问题的有效性,将其与遗传算法和模拟退火算法进行比较。随机生成 12 组具有企业实际问题特征的测试算例,分别涉及小规模和中大规模服装缝制生产。其中,小规模服装缝制生产工单数 $n \in \{5, 10, 15\}$,并行缝制生产系统数 $m \in \{3,5\}$;中大规模服装缝制生产工单数 $n \in \{30,40,50\}$,并行缝制生产系统数 $m \in \{10,15\}$。为公平起见,3 个优化算法的重点参数均选用上节的最优水平,同一算例均独立运行 20 次,以相对百分比偏差(Relative Percentage Deviation,RPD)和标准差(Standard Deviation,SD)作为评价指标进行对比分析,计算公式分别定义如下:

$$RPD_H = \frac{Min(H) - Min_{sol}}{Min_{sol}} \times 100\% \qquad (4\text{-}7)$$

$$SD_H = \sqrt{\frac{1}{20} \times \sum_{i=1}^{20} (C_{max}{}^i(H) - AVG(H))^2} \qquad (4\text{-}8)$$

其中,Min_{sol} 为当前算例最优解,即为改进遗传模拟退火混合算法、遗传算法和模拟退火算法这 3 种算法在针对同一算例各进行 20 次实验运算共计 60 次实验运算中所得的最优解;$Min(H)$,$H \in \{IGSAA, GA, SA\}$ 表示 3 种算法各自针对同一算例在 20 次实验运算中获得的最优解;$AVG(H)$ 表示算法 H 在 20 次实验运算中所得的平均解。RPD 指标体现了算法的平均寻优精度,SD 指标计算求解的离散程度,体现了算法的稳定性。分析公式(4-7)和公式(4-8)可知,指标值越小,说明算法的效果越好。算例测试结果见表 4.5,加粗的数值是该算例在 3 种算法求解中获得的最优值。

表 4.5　12 组算例测试结果对比

n	m	IGSAA			GA			SA		
		Min	SD	$RPD/\%$	Min	SD	$RPD/\%$	Min	SD	$RPD/\%$
5		**76**	**0.2**	**0**	**76**	0.5	**0**	**76**	**0.2**	**0**
10	3	**121**	**0.5**	**0**	**121**	0.8	**0**	**121**	0.8	**0**
15		**178**	0.9	**0**	**178**	0.3	**0**	**178**	**0.2**	0

n	m	IGSAA			GA			SA		
		Min	SD	RPD/%	Min	SD	RPD/%	Min	SD	RPD/%
5		**35**	**0**	**0**	**35**	**0**	**0**	**35**	**0**	**0**
10	5	**71**	**0.4**	**0**	**71**	**0.4**	**0**	**71**	0.6	**0**
15		**108**	**0.7**	**0**	**108**	**1.0**	**0**	**108**	0.9	**0**
30		**107**	1.1	**0**	**107**	**0.6**	**0**	**107**	0.7	**0**
50	10	**181**	0.6	**0**	**181**	**0.4**	**0**	**181**	0.9	**0**
60		**222**	**0.3**	**0**	**222**	1.2	**0**	**222**	0.9	**0**
30		**74**	**0**	**0**	**74**	0.1	**0**	**74**	**0**	**0**
50	15	**108**	**0.6**	**0**	**108**	0.5	**0**	**108**	**0.2**	**0**
60		**152**	**0.5**	**0**	**152**	0.9	**0**	155	0.6	1.9
平均值		**119.42**	**0.48**	**0.00**	**119.42**	0.56	**0.00**	119.67	0.50	0.16

注:表中 n 表示生产工单数, m 表示并行缝制生产系统数,IGSAA 表示改进遗传模拟退火混合算法,GA 表示遗传算法,SA 表示模拟退火算法,SD 表示标准差,RPD 表示相对百分比偏差。

数据来源:作者计算所得。

相较于其他 2 种算法,改进遗传模拟退火混合算法在所有算例中都取得了最优解,而模拟退火算法在 1 个算例中未取得最优解,表明本部分算法整体表现良好。在小规模算例中,各个测试算法的性能都较为良好,但随着生产调度规模的增大,改进遗传模拟退火混合算法在该指标上的优势更加明显,反映出所提算法具有较好的寻优性能。从标准差指标数据来看,改进遗传模拟退火混合算法在 12 组算例中的平均标准差也小于其他 2 种算法,显示出良好的稳定性。测试结果从总体上反映出改进遗传模拟退火混合算法具有较好的寻优和稳定性能,是求解单阶段多机服装缝制系统生产调度组合优化问题的一种有效工具。

4.5.4 案例计算

某女装生产企业有 3 套缝制生产系统,需要生产加工不同款式的 10 个服装生产工单,每个生产工单的缝制加工时间如表 4.6 所示,生产工单转换所需的设置时间如表 4.7 所示。算法输出最优染色体编码为:(2,6,8,11,4,

10,5,12,1,7,3,9),最大完工时间为127。图4.9为此案例的生产调度方案甘特图,显示了10个服装生产工单在3个并行缝制生产系统上的生产调度方案。图中"m"表示并行缝制生产系统,序号"X"表示服装生产工单号,对应条状图形的起点和终点分别表示生产工单在各缝制生产系统上的开工时间和完工时间。

表 4.6　10 个生产工单的缝制加工时间

生产系统编号	生产工单号									
	1	2	3	4	5	6	7	8	9	10
缝制生产系统 1	35	28	29	38	32	40	23	31	27	29
缝制生产系统 2	35	28	27	37	30	38	23	31	27	28
缝制生产系统 3	36	29	27	38	31	40	22	33	26	29

数据来源:某女装生产企业,时间单位为小时,下同。

表 4.7　10 个生产工单的转换设置时间

工单编号	1	2	3	4	5	6	7	8	9	10
1	0	9	5	10	5	5	8	5	9	7
2	7	0	5	8	5	5	9	5	5	8
3	5	5	0	10	5	5	7	4	5	7
4	9	6	5	0	7	7	10	5	9	6
5	5	9	7	9	0	9	8	9	7	9
6	5	7	5	9	5	0	9	6	8	9
7	9	7	3	7	7	5	0	7	7	7
8	8	9	5	11	7	8	9	0	6	7
9	6	8	5	10	9	9	7	6	0	6
10	5	7	4	12	6	4	10	9	6	0

数据来源:某女装生产企业,时间单位为小时,下同。

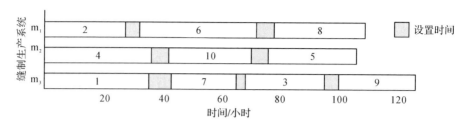

图 4.9　生产调度方案甘特图

4.6　本章小结

　　本章的单阶段多机服装制造系统为仅考虑缝制生产阶段的服装制造系统,以最小化最大完工时间为优化目标,建立考虑设置时间约束和不相关并行设备约束的单阶段多机服装缝制生产系统生产调度模型。在优化算法设计方面,针对遗传算法容易陷入局部最优解的弱点,提出改进遗传模拟退火混合算法求解模型。该算法对每一代遗传运算产生的新种群,使用模拟退火算法对个体逐一进行优化,得到新一代种群。这既保留了遗传算法全局搜索的优点,又融合了模拟退火算法局部搜索的长处。通过仿真测试验证了改进遗传模拟退火混合算法在求解的精度和稳定性上优于其他2种算法。最后,对某女装生产企业的服装缝制系统生产调度实例进行了求解。

5

多阶段单机
服装制造系统的
生产调度建模与优化

5.1　引言

多阶段制造系统是复杂产品生产加工的主要组织方式,其各级子系统可以实现加工、装配或其他能够增值的制造过程,由工作单元、车间、分厂或企业组成。[142] 服装生产由裁剪、缝制、后整理、包装入库等生产阶段前后串联组成,它们存在上下游关联关系。服装生产的原辅料和半成品依次串行经过各阶段完成所有工序的生产加工,不同生产阶段之间建有半成品库等缓冲空间,是典型的多阶段制造系统,如图 5.1 所示。

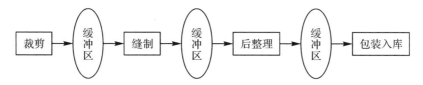

图 5.1　多阶段服装制造系统示意图

若多阶段服装制造系统中各阶段的生产系统数量都为 1 套,即只有 1 套独立的裁剪生产系统,1 套独立的缝制生产系统,1 套独立的后整理生产系统等,按照生产系统配置情况,本部分将多阶段单机服装制造抽象为流水生产,如图 5.2 所示,则相应的生产调度问题为流水车间生产调度问题(Flow-shop Scheduling Problem,FSP),即 n 个服装生产工单依次经过 s 个生产阶段,每个生产阶段上只有 1 套生产系统,要确定工单的加工顺序,使得调度目标得到优化。

自 Johnson[143] 于 1954 年提出两阶段流水车间的最优生产调度规则以来,流水车间生产调度问题受到国内外学者们的广泛关注。Sasmito 等[144] 研究了置换流水车间生产调度问题。张伟[145] 针对流水车间生产调度问题,以最小化最大完工时间、总拖期时间和总流程时间为目标构建多目标优化模型,并通过带有自适应参数和精英策略的快速非支配排序遗传算法

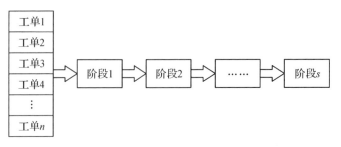

图 5.2　流水生产示意图

求解。Nawaz 等[146]提出 NEH(Nawaz-Enscore-Ham)启发式算法求解流水车间生产调度问题。钟臻怡等[147]对带换模约束的可重入流水车间生产调度问题进行了研究,以最大完工时间最小化为目标,提出混合蚁群分布估计算法。赵芮等[148]针对最小化最大完工时间和最小化最大拖期的多目标混合零空闲置换流水车间生产调度问题,采用多目标离散正弦优化算法求解。姚康等[149]针对带有序列相关调整时间的多目标置换流水车间生产调度问题,将传统的迭代贪婪算法与非支配排序相融合,提出多目标迭代贪婪算法。

上述有关流水车间生产调度问题的研究均假设在整个生产调度周期内各阶段的生产系统不会发生故障,但这往往不符合实际生产情况,因此在制定生产调度方案的时候,有必要将生产系统维护的计划考虑进去。生产系统维护可分为 2 类:预防性维护和故障维护(Corrective Maintenance,CM)。故障维护是指当生产系统发生随机宕机之后,需要中断生产,分析引起故障的原因并进行基本的修复处理,从而使生产系统恢复到发生故障前的生产状态。预防性维护是在发生故障之前对生产系统实施润滑、清洁和更换等基本的保养和维护,使生产系统运行在一种比较可靠的状态,旨在减缓磨损速度,尽量避免发生故障。与发生随机宕机后的故障维护相比,预防性维护能有效改善生产系统性能,提高其可靠度,这在许多制造系统中被证明是有效的。因此考虑生产系统故障扰动因素,将生产调度与预防性维护集成优化被中外学者所关注。丁珮雯等[150]探讨了拉式生产环境下设备故障对准时交货的影响,并联合优化带有交货期时间窗的生产调度与维护计划。吴青松等[151]为解决生产车间中多品种任务的生产调度与预防性维护集成优化问题,提出基于灾变机制的预防性维护和生产调度集成优化方法。

Miyata 等[152]研究了序列相关设置时间的流水车间预防性维护和生产调度优化问题。Jomaa 等[153]研究了置换流水车间生产调度问题,并分别采用启发式算法和变邻域搜索算法进行求解。Kubzin 等[154]研究了两阶段流水车间生产调度问题并通过动态规划法求解。Lei 等[155]采用遗传算法联合优化生产调度和机器预防性维护,从而最小化生产、预防性维护、意外故障的维修和拖期成本。陈阳等[156]以衰退流水车间为研究对象,考虑设备的退化和预防性维护限制,建立了不确定环境下为最小化最大完工时间和最小化平均设备空闲时间的多目标而设置的生产调度模型,并提出基于非支配排序遗传算法决策工件的生产调度计划和设备的预防性维护计划。杨宏兵等[45]提出基于流水车间生产调度与模具预防性维护的集成优化问题。李小林等[157]建立了基于生产调度和模具预防性维护的集成优化数学模型。陆志强等[158]针对串行流水生产系统,建立基于生产调度和预防性维护的联合优化模型。董君等[159]针对加工时间不确定的可重入混合流水车间调度与预维护协同优化问题,构建了可实现最小化最大完工时间、总碳排放和总预维护费用的多目标集成优化模型。在流水车间生产调度与预防性维护集成优化问题中,预防性维护任务策略分为 2 类:第一类是预防性维护任务在固定的时间间隔内执行,预防性维护开始时间和持续时间预先已知。[160-163]虽然定期对生产系统进行维护能够有效延长生产系统的使用寿命,提高生产系统的利用率,但是如果只采取定期维护的方式,在生产系统运行时间不确定的前提下,可能产生一些非必须的过度维护,也可能产生维护不及时、不到位的情况。第二类是预防性维护任务具有柔性时间窗口[164-165],实施预防性维护的时间节点可调整,从而最大限度地提高生产系统的可用性或可靠性。图 5.3 和图 5.4 分别为 2 种预防性维护策略下的生产调度情况。固定周期预防性维护的周期时间是基于自然时间的,维护时间点确定,生产部门在时间间隔 T 内安排生产;柔性周期预防性维护的周期时间是基于生产系统运行时间的,维护时间点不确定,维护部门保证 2 次预防性维护时间间隔不超过 T,生产部门根据订单和预防性维护情况安排生产。[166]

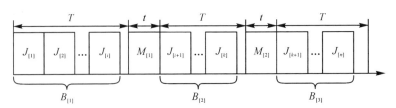

图 5.3　固定周期预防性维护下的流水生产调度方案

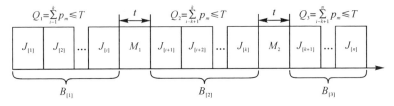

图 5.4　柔性周期预防性维护下的流水生产调度方案

服装生产是一个复杂、动态、充满不确定性的过程,随着服装生产机械化、智能化水平的提高,各阶段服装生产系统的设备构成日益多样化、复杂化和专业化。随着役龄的增加,裁剪、缝制、后整理等生产系统的可靠性逐渐降低,其间难以避免会出现故障。设备故障是服装生产过程中最常见的扰动因素之一,会导致生产停滞从而影响整个生产调度方案的实施效果。例如,平缝机是服装生产中最常用的设备,在发生故障后需要更换或停机待修,这将直接影响服装生产工单的实际完工时间及生产线负载均衡等,给企业造成不必要的损失。此外,在服装生产企业中,生产部门与设备维护部门往往根据自身目标最优化制定生产调度方案和设备维护方案,这容易引起 2 个部分之间的矛盾与冲突,导致生产调度实际执行效果大打折扣。因此,服装生产企业在制定可行生产调度方案时要综合考虑各生产系统的维护策略,决定实施预防性维护任务和生产工单的安排顺序,这能有效减少不良品数量与故障发生次数,提高生产效益。

在考虑服装生产过程中会出现随机故障的情况下,本部分对多阶段单机服装制造系统预防性维护与生产调度的集成优化问题进行研究,以最小化最大完工时间为目标,决定服装生产工单的加工顺序和各生产系统的预防性维护计划。在优化算法设计方面,传统流水生产调度问题是 NP-Hard 的组合优化问题,针对更为复杂的多阶段单机服装制造系统的生产调度问题,本部分在标准和声搜索算法的基础上提出用一种改进和声搜索算法进行求解。本章剩余部分内容结构安排如下:5.2节描述多阶段单机服装制造系统生产调度问题;5.3节建立多阶段单机服装制造系统预防性维护与生产调度的集成优化模型;5.4节提出一种改进和声搜索算法;5.5节进行仿真实验测试,验证算法有效性;5.6节对本章进行小结。

5.2 问题描述

生产调度期内有 n 个服装生产工单($I=\{i_1,i_2,\cdots,i_n\}$),分别需要经过 s 个生产阶段进行生产加工,每个生产阶段只有 1 套独立的生产系统,即裁剪生产阶段只有 1 套独立的裁剪生产系统,缝制生产阶段只有 1 套独立的缝制生产系统,后整理生产阶段只有 1 套独立的后整理生产系统等。所有服装生产工单在每个生产系统上的加工顺序一致,考虑到生产系统会发生随机宕机,在生产过程中要对每套生产系统 $m(m=1,2,\cdots,s)$ 进行 l_m 次预防性维护。由于预防性维护工作不能中断正常的生产工单加工进程,预防性维护只能在针对某生产工单进行生产加工之前或之后进行,优化目标是找到 n 个服装生产工单的最佳生产序列 π^*,以及每套生产系统预防性维护的次数和在生产序列中的位置,使得所有生产工单的最大完工时间最小,即得到 $min\ C_{max}$。

5.3 数学建模

本部分模型构建基于以下假设：

第一，所有服装生产工单和各生产阶段的生产系统在零时刻可用，生产工单之间具有同等优先级。

第二，生产系统故障率服从两参数威布尔分布。

第三，预防性维护会提高生产系统稳定性，实施预防性维护后生产系统"恢复如新"，役龄清零；在预防性维护周期之间发生随机故障时立即执行故障维护措施，修复后，因随机故障而中断的生产工单可以继续生产，不会造成额外的时间损失。

第四，生产系统仅可能在生产过程中发生随机宕机故障，在停机时不会发生故障，故障维护采取最小维护规则，即仅恢复设备的使用功能而不改变其役龄。

第五，每套生产系统的预防性维护与故障维护时间为定值。

符号定义如下：

$i(i=1,2,\cdots,n)$：服装生产工单，n 为加工的生产工单总数；

$m(m=1,2,\cdots,s)$：各生产阶段的生产系统，s 为生产系统总数；

$P_{\pi_i,m}$：生产系统 m 上第 i 个生产工单的加工时间；

$S_{\pi_{i-1},\pi_i,m}$：生产系统 m 加工不同生产工单时需要的设置时间；

R：生产系统上执行一次故障维护的时间；

V：生产系统上执行一次预防性维护的时间；

β：威布尔概率分布形状参数；

η：威布尔概率分布尺寸参数；

Z_m：生产系统 m 的预防性维护操作数；

D_m：生产系统 m 的停机时间；

$\boldsymbol{\mu}_m(m=1,2,\cdots,s)$：向量，生产系统 m 在预防性维护活动之前的生产工单；

$\delta(m,\pi_i)$：0-1 变量，$\delta(m,\pi_i)=\begin{cases}1,if\ \pi_i\in\mu_m;\\0,否则\end{cases}$

$C_{\pi_i,m}(i=1,2,\cdots,n)$：第 m 套生产系统上第 i 个生产工单的完工时间。

根据上述的符号定义和假设条件，本部分建立多阶段单机服装制造系统的生产调度排序模型，在所有生产工单排序的集合中找到一个最佳生产序列 π^*，使得最大完工时间 C_{max} 最小，即：

$$F = min\ C_{max} \tag{5-1}$$

5.3.1　不考虑预防性维护的生产调度模型

n 个服装生产工单在具有 s 套生产系统的多阶段单机服装制造系统上以相同顺序生产，每个生产工单在每套生产系统上有确定的加工时间 $P_{\pi_i,m}$。第 m 套生产系统上第 i 个生产工单的完成时间 $C_{\pi_i,m}$ 可以通过求解一系列递推方程得到。

生产系统 1 上第 1 个生产工单完工时间：

$$C_{\pi_1,1} = P_{\pi_1,1} \tag{5-2}$$

生产系统 1 上第 i 个生产工单完工时间：

$$C_{\pi_i,1} = C_{\pi_{i-1},1} + P_{\pi_i,1} + S_{\pi_{i-1},\pi_i,1} \tag{5-3}$$

生产系统 m 上第 1 个生产工单完工时间：

$$C_{\pi_1,m} = C_{\pi_1,m-1} + P_{\pi_1,m} \tag{5-4}$$

生产系统 m 上第 i 个生产工单最大完工时间：

$$C_{\pi_i,m} = max\{C_{\pi_i,m-1}, C_{\pi_{i-1},m} + S_{\pi_{i-1},\pi_i,m}\} + P_{\pi_i,m} \tag{5-5}$$

则所有生产工单的最大完工时间为：

$$C_{max} = C_{\pi_n,s} \tag{5-6}$$

所有生产工单的最小化最大完工时间为：

$$F = min[C_{max} = C_{\pi_n,s}] \tag{5-7}$$

5.3.2　预防性维护与生产调度集成优化模型

根据前述假设条件，生产系统的故障率服从两参数威布尔分布，则第 m 套生产系统在时间点 t 的故障率 $\lambda_m(t)$ 为：

$$\lambda_m(t) = \frac{\beta}{\eta}\left(\frac{t}{\eta}\right)^{\beta-1} \tag{5-8}$$

其中，β、η均为与各生产系统自身有关的参数，可以通过历史数据分析得到，且与时间无关。β是威布尔分布的形状参数，决定函数曲线的基本形状，不同的β值对应不同的函数曲线形状。η是尺寸参数，只影响函数曲线横轴和纵轴尺度的放大和缩小，并不影响函数曲线的基本形状。考虑到生产设备的堕化效应，即随着生产设备役龄的增加，发生随机宕机的概率逐渐增大，则$\beta>1$。虽然执行预防性维护可提高生产系统的可靠性，但仍不能避免随机宕机故障的发生。生产系统发生宕机的随机过程属于非齐次泊松过程，则第m套生产系统在时间段$[0,t]$中发生的随机宕机故障数为：

$$\Lambda_m(t) = \int_0^t \lambda_m(\tau)\mathrm{d}\tau = \left(\frac{t}{\eta}\right)^{\beta} \tag{5-9}$$

发生随机宕机故障后，第m套生产系统的停机时间为：

$$D_m = Z_m V + R(Z_m + 1)\,\Lambda_m\left(\frac{P_m}{Z_m+1}\right) = Z_m V + v_m(Z_m+1)^{1-\beta} \tag{5-10}$$

其中，$v_m = R\left(\dfrac{P_m}{\eta}\right)^{\beta}$，$P_m = \displaystyle\sum_{i=1}^N P_{\pi_i,m}$。

达到第m套生产系统的最优预防性维护次数是为了最小化随机宕机停机时间，则有：

$$\frac{\mathrm{d}D_m}{\mathrm{d}Z_m} = V - v_m\frac{\beta_m - 1}{Z_m+1}^{\beta_m} = 0 \tag{5-11}$$

解得最优预防性维护次数Z_m^*为：

$$Z_m^* = \left[\frac{v_m(\beta_m-1)}{V_m}\right]^{\frac{1}{\beta_m}} - 1 \tag{5-12}$$

第m套生产系统上第i个生产工单的完工时间$C_{\pi_i,m}$可以通过求解一系列递推方程得到。

生产系统1上第1个生产工单完工时间：

$$C_{\pi_1,1} = p_{\pi_1,1} + R\Lambda_1(p_{\pi_1,1}) \tag{5-13}$$

生产系统1上第i个生产工单完工时间：

$$C_{\pi_i,1} = C_{\pi_{i-1},1} + V\delta(1,\pi_{i-1}) + p_{\pi_i,1} + R\Lambda_1(p_{\pi_1,1}) + S_{\pi_{i-1},\pi_i,1} \tag{5-14}$$

生产系统m上第1个生产工单完工时间：

$$C_{\pi_1,m} = C_{\pi_1,m-1} + p_{\pi_1,m} + R\Lambda_m(p_{\pi_1,m}) \tag{5-15}$$

生产系统 m 上第 i 个生产工单完工时间：

$$C_{\pi_i,m} = max\{C_{\pi_i,m-1}, C_{\pi_{i-1},m} + V\delta(m,\pi_{i-1}) + S_{\pi_{i-1},\pi_i,m}\} + p_{\pi_i,m} +$$

$$R\Big[\Lambda_m\Big(\sum_{k=1}^{i} p_{\pi_k,m}\Big) - \Lambda_m\Big(\sum_{k=1}^{i-1} p_{\pi_k,m}\Big)\Big] \tag{5-16}$$

则所有生产工单的最大完工时间为：

$$C_{max} = C_{\pi_n,s} \tag{5-17}$$

所有生产工单的最小化最大完工时间为：

$$F = min[C_{max} = C_{\pi_n,s}] \tag{5-18}$$

5.4 优化算法

蒋淑珺[167]指出设备数大于等于 2 的最小化最大完工时间的流水车间调度问题是 NP-Hard 问题,而将预防性维护与生产调度集成优化的流水生产调度问题则更为复杂。随着人工智能技术的不断发展,智能优化算法在求解优化问题中的优势日益突出,很多研究者开始利用具有良好的搜索能力、快速的求解能力等优点的智能优化算法对涉及设备维护相关的生产调度问题进行求解。崔维伟等[168]基于遗传算法求解生产调度与设备维护集成优化问题。李杨等[169]建立流水车间以加工时间最小化为目标的预测性维护与生产调度集成优化模型,并设计了一种改进蝙蝠算法求解问题。宋文家等[170]采用混合殖民竞争算法求解柔性作业车间设备预防性维护与调度集成优化数学模型。高明中等[171]提出双层循环结构的鲁棒优化算法,其中外层循环采用邻域搜索优化算法,内层循环采用灰狼优化算法求解流水车间调度与设备维护鲁棒集成优化问题。本部分考虑设备预防性维护的多阶段单机服装制造系统生产调度模型的特点,提出一种改进和声搜索(Harmony Search,HS)算法进行求解。

5.4.1 和声搜索算法

和声搜索算法是由韩国学者 Geem 等[172]于 2001 年提出的智能优化算法。类似于遗传算法对生物进化的模仿、模拟退火算法对物理退火的模拟及粒子群优化算法对鸟群觅食行为的模仿等,和声搜索算法是对音乐家使用乐器创作新旋律的模拟。乐队中每个音乐家演奏一种乐器,全部乐器的发声演奏对应一组和声,音乐家们会不断地进行调整,对演奏出的每一组和声进行评估,如果达不到要求就继续调整每一个乐器的音调,直到演奏出一组满意的和声。

模拟创作新旋律过程的和声搜索算法主要包括 3 种运算,分别是:和声记忆库取值、基音微调及随机取值。涉及的参数分别为:和声记忆库规模(Harmony Memory Size, HMS)、和声记忆库取值概率(Harmony Memory Considering Rate, HMCR)、微调概率、音调带宽(Band Width, BW)和创作次数(Tmax)。每个乐器演奏的音调具有一定的范围,用每个乐器的音调范围来构造一个解空间,然后通过这个解空间来随机产生和声记忆库,和声记忆库中和声的数量即和声记忆库规模,类似于群智能优化算法中的种群数量。对于和声记忆库取值概率,即和声搜索算法从和声记忆库中取出一组和声的概率。微调概率是指从和声记忆库中所选取的一组和声进行微调的概率。音调带宽是指和声微调时的调整幅度。创作次数是指和声搜索算法的迭代次数。

和声搜索算法的流程如图 5.5 所示。

标准的和声搜索算法的具体步骤是:

步骤 1:算法初始化,确定和声搜索算法中和声记忆库规模、和声记忆库取值概率、微调概率、音调带宽、创作次数等基本参数;

步骤 2:采用随机初始化的方式产生 HMS 个和声,生成和声记忆库;

$$HM = \begin{bmatrix} X^1 \\ X^2 \\ \vdots \\ X^{HMS} \end{bmatrix} = \begin{bmatrix} x_1^1 & x_2^1 & \cdots & x_n^{\,1} \\ x_1^{\,2} & x_2^2 & \cdots & x_n^{\,2} \\ \vdots & \vdots & \ddots & \vdots \\ x_1^{HMS} & x_2^{HMS} & \cdots & x_n^{HMS} \end{bmatrix}$$

其中,x_i^r 为第 r 个和声向量的第 i 个分量,则 $x_i^r = x_i^L + rand(x_i^U - x_i^L)$,$x_i^U$ 和 x_i^L 分别表示第 i 个变量的最大值和最小值。

步骤 3:生产新的和声,新和声每一维 $(i, 1 \leqslant i \leqslant n)$ 通过 2 种方式生成,其生成过程为:

从和声记忆库中随机选择,然后进行音调微调,如式(5-19)、式(5-20)所示:

$$x_i^{new} = x_i^{\,r} \quad rand(0,1) < HMCR \quad (5\text{-}19)$$

$$x_i^{new'} = x_i^{new} + BW \quad rand(0,1) < PAR \quad (5\text{-}20)$$

或通过随机产生,如式(5-21)所示:

$$x_i^{new'} = x_i^L + rand(x_i^U - x_i^L) \quad (5\text{-}21)$$

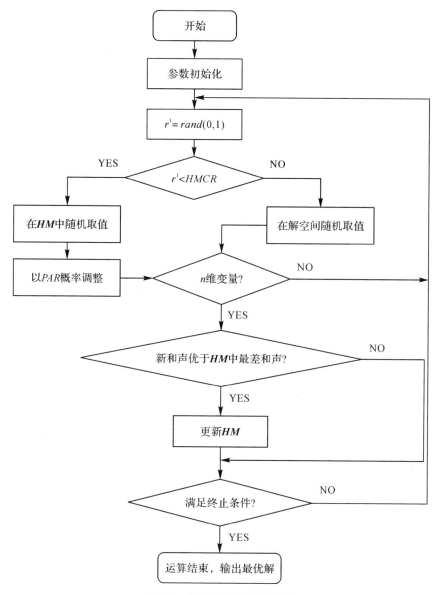

图 5.5　和声搜索算法流程图

步骤 4：更新和声记忆库。若通过步骤 3 得到的一组新的和声比和声记忆库中最差和声要好，则用新和声替换最差和声，如式（5-22）所示：

$$X^{worst} = \begin{cases} X^{new} \text{ if } f(X^{worst}) < f(X^{new}) \\ X^{worst} \text{ 否则} \end{cases} \tag{5-22}$$

$f(X^{new})$ 和 $f(X^{worst})$ 分别表示新和声及和声记忆库中最差和声对应的目标函数值。

步骤 5：重复步骤 3 和步骤 4，直到满足算法终止条件后输出最优值。

5.4.2 改进和声搜索算法

标准的和声搜索算法在运算一定的次数后，和声记忆库中的和声多样性降低，甚至出现大部分和声的适应度值都相等的情形，此时，算法容易收敛于局部最优解。为了克服上述标准和声搜索算法的不足，进一步提高算法的全局优化性能和对离散变量的适用性，本研究对标准和声搜索算法进行了改进，提出一种改进和声搜索算法。对新生成的一组和声以一定的概率进行扰动，以提高和声记忆库中的和声多样性水平。扰动的方式是引入插入、逆转、互换等领域搜索操作，对解空间中不同的区域进行搜索，有利于算法跳出局部最优解继续寻优，从而避免算法过早收敛。[173]改进和声搜索算法的流程如图 5.6 所示。

改进和声搜索算法的具体步骤如下：

步骤 1：初始化改进和声搜索算法中的和声记忆库规模、和声记忆库取值概率、微调概率、音调带宽、迭代次数等基本参数。

步骤 2：随机产生 HMS 个和声组成和声记忆库，库中的每个和声向量都代表一组生产工单排序，计算每个和声向量的适应度值，适应度值越大表示和声越优。

步骤 3：生成新和声 $X^{new} = [x_1^{new}, x_2^{new}, \cdots, x_n^{new}]$。若随机数 $rand(0,1) <$ $HMCR$，则在和声记忆库取值，当满足 $rand(0,1) < PAR$ 时，执行和声微调步骤，即采用插入、逆转、互换等领域搜索操作；否则在设定范围内随机取值。

步骤 4：更新和声记忆库。若产生的新和声 X^{new} 的适应度值优于和声记忆库内最差的和声 X^{worst} 的适应度值，则用新和声替换最差和声。

步骤 5：重复执行步骤 2 至步骤 4，直到满足算法终止条件后输出最好的一组和声。

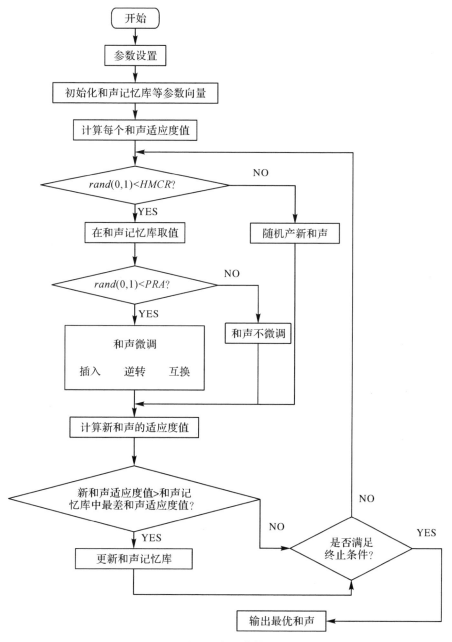

图 5.6　改进和声搜索算法流程图

5.4.3 算法实现

1)编码与解码

本部分采用的整数编码方法中,每个和声长度为 $n + \sum_{m=1}^{s} Z_m$,当 $x_i^r \leqslant n$ 时, x_i^r 表示生产工单序号,当 $n < x_i^r \leqslant \sum_{m=1}^{s} Z_m$ 时, x_i^r 表示实施预防性维护活动。这种编码方式更简洁,便于离散化操作,并能加快和声算法的收敛。

假设有 8 个服装生产工单,两阶段单机服装制造系统中生产系统 1 在调度期内需执行预防性维护 1 次,生产系统 2 在调度期内需执行预防性维护 2 次。图 5.7 展示了当前算例的编码和解码过程。在一组和声变量的编码(4,6,10,1,8,3,9,11,7,5,2)中,1—8 为生产工单编号,9 为生产系统 1 预防性维护活动编号,10—11 为生产系统 2 预防性维护活动编号,据此解码后可以得到生产系统 1 和生产系统 2 的生产工单和预防性维护活动序列。

图 5.7 改进和声搜索算法的编码与解码示意图

2)初始解生产

为保证和声库的多样性,本部分采用随机生成的方法生成 HMS 个和声变量组成和声记忆库。

3) 适应度函数

在此以最小化最大完工时间 C_{max} 为优化目标,适应度函数设置为目标函数值的倒数,目标函数值越小,其适应度函数值越大,即生存能力更强。适应度函数定义为:

$$f_k = \frac{1}{C_{max}(k)} \tag{5-23}$$

其中,$C_{max}(k)$ 表示第 k 个和声所代表的生产调度方案的最大完工时间。

4) 微调机制

本部分引入插入、逆转和互换等邻域搜索操作,当一组和声的音调实施微调操作时,算法随机采用上述 3 种邻域搜索操作,即生成一个在[1,3]区间内的随机整数 Mu。当 Mu 为 1 时,采用插入操作;当 Mu 为 2 时,采用逆转操作;当 Mu 为 3 时,采用互换操作,流程如图 5.8 所示。

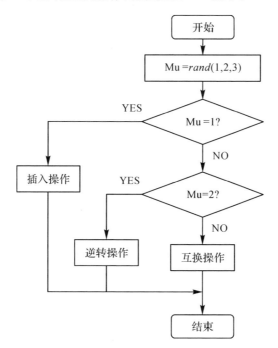

图 5.8　改进和声搜索算法音调微调流程图

上述 3 种微调操作的过程如图 5.9 所示：

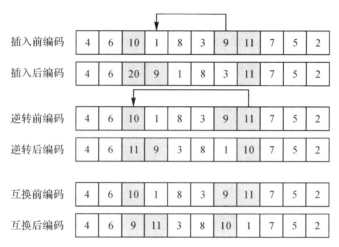

图 5.9　改进和声搜索算法的 3 种微调操作

5.5 仿真实验与分析

5.5.1 实验环境

本部分在 Matlab R 2016a 平台上进行算法编译和仿真测试,所有试验均在便携式计算机上完成,处理器参数为 Intel(R) Core(TM) i5-6300U CPU @ 2.40GHz,内存为 4.00G。

5.5.2 参数校验

本部分采用正交实验对改进和声搜索算法相关重点参数进行校验以通过算法获得最佳的寻优解,涉及的重点参数为:和声库规模、和声库取值概率、微调概率和迭代次数。本部分参考王艳等[174]采用的参数设置水平,表5.1列出了改进和声搜索算法各重点参数在不同水平下的取值。表5.2为9组正交实验设计表,表格中各参数的数量水平使用数字表示,比如和声库规模的数字1表示1000,数字2表示1200。

表 5.1 改进和声搜索算法的重点参数在不同水平下的取值情况

水平	和声库规模	和声库取值概率	微调概率	迭代次数
1	1000	0.7	0.10	300
2	1200	0.8	0.15	320
3	1300	0.9	0.20	350

表 5.2 改进和声搜索算法的重点参数校验正交实验设计表

编号	和声库规模	和声库取值概率	微调概率	迭代次数
1	1	1	1	1

编号	和声库规模	和声库取值概率	微调概率	迭代次数
2	1	2	3	2
3	1	3	2	3
4	2	1	3	3
5	2	2	2	1
6	2	3	1	2
7	3	1	2	2
8	3	2	1	3
9	3	3	3	1

数据来源:摘自 SPSSAU。

生产工单在生产阶段 1 的加工时间为在[5,10]区间均匀分布的随机整数;在生产阶段 2 的加工时间为在[20,40]区间均匀分布的随机整数;在生产阶段 3 的加工时间为在[10,15]区间均匀分布的随机整数;在生产阶段 4 的加工时间为在[5,10]区间均匀分布的随机整数;各生产阶段的设置时间为在[5,10]区间均匀分布的随机整数。生产系统故障率的威布尔分布函数的形状参数 $\beta \in (1.3,1.5,1.8)$,尺寸参数 η 为在[100,150]区间均匀分布的随机整数。生产系统 m 上执行一次故障维护的时间 R 为在[1,3]区间均匀分布的随机整数,执行一次预防性维护的时间 V 为在[5,10]区间均分分布的随机整数。选取算例 $n=20$ 和 $s=4$ 的测试结果进行算法参数校验,为避免结果的随机性,每组参数的算法运行 20 次,将运行 20 次后结果的平均值作为响应变量。表 5.3 为正交试验仿真结果。

表 5.3　改进和声搜索算法重点参数校验正交实验仿真结果

编号	和声库规模	和声库取值概率	微调概率	迭代次数	平均值
1	1000	0.7	0.1	300	785
2	1000	0.8	0.2	320	777
3	1000	0.9	0.15	350	788
4	1200	0.7	0.2	350	773
5	1200	0.8	0.15	300	779

编号	和声库规模	和声库取值概率	微调概率	迭代次数	平均值
6	1200	0.9	0.1	320	787
7	1500	0.7	0.15	320	785
8	1500	0.8	0.1	350	779
9	1500	0.9	0.2	300	788

数据来源:作者计算所得。

从极差分析表 5.4 可知,4 个参数中和声库取值概率是最优参数,其次是微调概率及和声库规模,最后是迭代次数。4 个参数的优劣排序为:和声库取值概率＞微调概率＞和声库规模＞迭代次数。各参数的响应趋势如图 5.10 所示,各参数水平对应的响应平均值越小,代表参数水平越高。迭代次数在第 3 个水平即 350 时最优,微调概率在第 3 个水平即 0.20 时最优,和声库取值概率在第 2 个水平即 0.80 时最优,和声库规模在第 2 个水平即 1200 时最优。

表 5.4 改进和声搜索算法重点参数校验正交实验极差分析表

项	水平	和声库规模	和声库取值概率	微调概率	迭代次数
K 值	1	2350	2343	2351	2352
	2	2339	2335	2352	2349
	3	2352	2363	2338	2340
K avg 值	1	783.33	781	783.67	784
	2	779.67	778.33	784	783
	3	784	787.67	779.33	780
最佳水平		1200	0.80	0.20	350
极差值		4.33	9.33	4.67	4.00

数据来源:作者计算所得。

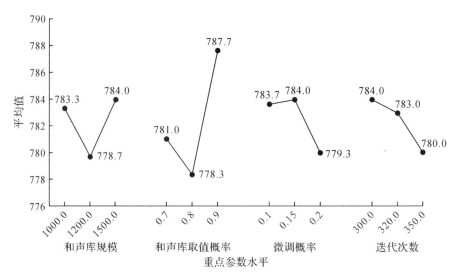

图 5.10　改进和声搜索算法重点参数响应趋势图

5.5.3　算法有效性验证

为验证所提出的改进和声搜索算法求解多阶段单机服装制造系统生产调度与预防性维护集成优化问题的有效性,本部分选取标准遗传算法进行比较。改进和声搜索算法的参数水平设置为本章上节所提出的最优水平,遗传算法参数水平设置为本书第 4 章所提出的最优水平,生产工单数和生产阶段数分别为:工单数 $n \in (10, 20, 30, 50)$,生产阶段数 $s \in (3, 4)$,共生成 24 组算例。对于每组算例,改进和声搜索算法和遗传算法均独立运行 20 次,将在这 20 次运算中所得到的最优解、相对百分比偏差和标准差作为评价指标进行对比分析。相对百分比偏差和标准差公式定义与前文一致。24 组算例的测试结果如表 5.5 所示,表中加粗的数值为该算例经 2 种算法求解得到的最优值。

表 5.5　24 组算例的测试结果对比

$n \times s$	β	改进和声搜索算法			遗传算法		
		Min	SD	$RPD/\%$	Min	SD	$RPD/\%$
	1.3	**332**	3.07	**0**	**332**	**2.78**	**0**
10×3	1.5	334	**3.11**	**0**	344	3.37	2.8
	1.8	**336**	3.16	**0**	**336**	**3.16**	**0**

续表

$n \times s$	β	改进和声搜索算法			遗传算法		
		Min	SD	RPD/%	Min	SD	RPD/%
20×3	1.3	662	**4.03**	**0**	662	4.33	**0**
	1.5	**674**	**4.27**	**0**	**674**	4.86	**0**
	1.8	680	4.41	0.5	676	**4.63**	**0**
30×3	1.3	**994**	6.1	**0**	**994**	6.05	**0**
	1.5	**1029**	6.77	**0**	**1029**	6.72	**0**
	1.8	**1038**	6.94	**0**	**1038**	5.91	**0**
50×3	1.3	**1664**	**10.12**	**0**	1671	11.24	0.4
	1.5	**1697**	10.71	**0**	1712	**10.01**	0.9
	1.8	**1705**	9.86	**0**	**1705**	10.9	**0**
10×4	1.3	**384**	**2.99**	**0**	**384**	**2.99**	**0**
	1.5	**386**	**3.03**	**0**	**386**	3.13	**0**
	1.8	**389**	3.09	**0**	**389**	**3.08**	**0**
20×4	1.3	**766**	5.07	**0**	**766**	4.05	**0**
	1.5	**780**	**5.34**	**0**	795	5.57	1.9
	1.8	788	5.52	0.9	**782**	**5.34**	**0**
30×4	1.3	**1148**	8.14	**0**	**1148**	7.06	**0**
	1.5	**1189**	**7.91**	**0**	1194	8.01	0.5
	1.8	**1197**	**8.09**	**0**	**1197**	8.11	**0**
50×4	1.3	**1905**	**10.92**	**0**	1911	11.02	0.3
	1.5	**1942**	10.77	**0**	1948	**10.75**	0.3
	1.8	**1951**	**11.14**	**0**	1969	12.17	0.3
平均值		**998.75**	**6.44**	**0.06**	1001.75	6.47	0.31

注:表中 n 表示生产工单数,s 表示生产阶段数,β 表示威布尔分布函数中的形状参数,SD 表示标准差,RPD 表示相对百分比偏差。

数据来源:作者计算所得。

24 组算例中,改进和声搜索算法解得最优解 22 次,较遗传算法多 6 次,且改进和声搜索算法的平均相对百分比偏差为 0.06%,遗传算法的平均相对百分比偏差为 0.31%，这一结果表明，改进和声搜索算法具有更好的寻优精度。从标准差指标数据来看，改进和声搜索算法在 24 组算例中的平均标准差小于遗传算法在 24 组算例中的平均标准差，显示改进和声搜索算法具有良好的稳定性。综上，测试结果从总体上反映出改进和声搜索算法具有较好的寻优精度和稳定性。

5.5.4 案例计算

考虑到涉及某女装生产企业裁剪、缝制、锁钉、整烫这 4 个生产阶段的服装制造系统的每个阶段都有一套生产系统，需要生产加工不同款式的 10 个服装生产工单，每个工单具有同样的生产工艺流程。各生产工单在每套生产系统中的加工时间如表 5.6 所示，各生产系统的维护时间和最优预防性维护次数如表 5.7 所示。为简化案例，在这 4 个生产阶段中，只考虑缝制生产阶段的不同生产工单间的设置时间（即裁剪、锁钉和整烫生产阶段的设置时间为 0），设置时间如上一章中表 4.7 所示。

改进和声搜索算法输出的最优和声向量为：$(6,1,10,11,2,5,12,14,4,9,8,13,3,7)$，则 10 个生产工单排序为：$(6,1,10,2,5,4,9,8,3,7)$；最大完工时间为 386，图 5.11 为生产调度方案甘特图，显示了 10 个服装生产工单在四阶段单机服装制造系统上的生产调度方案。图中"S"表示生产阶段，序号"X"表示服装生产工单号，对应的条状图形的起点和终点分别表示该工单在各生产阶段的开工时间和完工时间。淡色背景部分为缝制生产系统转款设置时间，深色背景部分为生产系统的预防性维护任务。

表 5.6　10 个生产工单在 4 套生产系统中的加工时间

生产系统编号	生产工单编号									
	1	2	3	4	5	6	7	8	9	10
1	7	5	7	10	5	8	6	3	7	8
2	35	28	29	38	32	40	23	31	27	29
3	14	11	11	14	10	18	10	13	10	15
4	8	5	7	6	7	5	7	5	6	5

数据来源：某女装生产企业。

表 5.7　4 套生产系统的维护时间和最优预防性维护次数

生产系统编号	形状参数	尺度参数	预防性维护时间	故障维护时间	最优预防性维护次数
1			8	2	0
2	1.5	100	6	3	3
3			4	2	1
4			4	2	0

数据来源:某女装生产企业及作者计算所得。

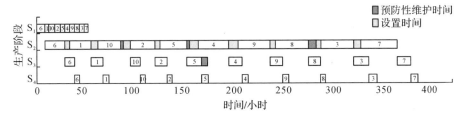

图 5.11　生产调度方案甘特图

5.6　本章小结

设备随机故障等不确定因素广泛存在于服装生产过程中,并且对生产调度方案的可行性影响较大。首先,本章将多阶段单机服装制造系统抽象为流水车间,建立了考虑生产调度和设备预防性维护的集成优化模型。其次,本章在和声搜索算法的基础上,引入插入、逆转、互换等领域搜索操作,提出一种改进和声搜索算法并对模型求解。最后,仿真实验结果表明,改进和声搜索算法在求解生产调度和设备预防性维护的集成优化模型时有较好的寻优精度和稳定性。最后,对某女装生产企业 10 个服装生产工单在 4 阶段单机服装制造系统的生产调度实例进行了求解。

6

多阶段多机服装制造系统的生产调度建模与优化

6.1　引言

随着人们对服装产品的需求日趋多样化,服装生产方式也由大规模批量生产逐渐向小批量多品种生产转变。在实际的服装生产过程中,众多服装生产工单所含的产品款式、加工数量各异,但加工环节类似,一般都要经过裁剪、缝制、锁钉、整烫、包装等生产阶段,且各生产阶段都配置并行的数套生产系统,即各生产阶段有多于 1 套且互相独立的服装裁剪生产系统、缝制生产系统、锁钉生产系统等。如前文所述,将一套生产系统视为一台独立的生产设备,则每个服装生产工单在裁剪、缝制、锁钉、整烫等生产阶段都需要在并行的数台设备中选取一台完成此阶段的生产加工任务。因此这种服装生产过程就不再是简单的平行生产或者多阶段单机流水生产,而是多阶段多生产系统的生产过程。相应的多设备、多阶段、多工单的服装制造系统生产调度问题可抽象为混合流水生产调度问题(Hybrid Flow-shop Scheduling Problem,HFSP),即 n 个服装生产工单依次经过 s 个生产阶段,每个生产阶段 $M_i (i = 1, 2, \cdots, s)$ 上有多套并行的生产系统,针对工单可在每一生产阶段上任选一套生产系统进行生产加工,如图 6.1 所示,要确定每个工单在各生产阶段上的生产系统,以及各生产系统上的工单加工顺序,使得生产调度方案得到优化。

混合流水生产调度问题也称为柔性流水生产调度问题(Flexible Flow-shop Scheduling Problem,FFSP),是对流水生产调度问题和并行机生产调度问题(Parallel Scheduling Problem,PSP)的扩展。在混合流水生产调度中,每个工件的每个生产阶段都能在可选择的任一并行设备上加工,与其他类型的生产调度问题相比增加了灵活性,符合生产实际。混合流水生产环境具有更高的柔性和可靠性,更符合现代服装生产方式且有助于提高生产

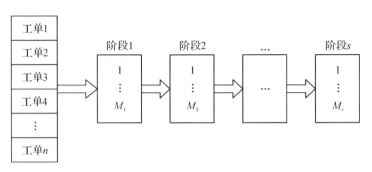

图 6.1　混合流水生产示意图

效率。自 Salvador[175] 在 1973 年首次提出混合流水生产调度问题以来，各国学者们对该问题展开了深入的研究。Mousavi 等[176] 提出具有学习效应和设置时间的可重入混合流水生产调度问题。张洪亮等[177] 研究了具有学习效应的混合流水生产调度问题。黄辉等[178] 研究了顺序相关设置时间的混合流水生产调度问题。李俊青等[179] 研究了考虑资源约束和能源消耗的混合流水生产调度问题。耿凯峰等[180] 研究了考虑设置时间和运输时间等多时间因素的绿色可重入混合流水生产调度问题。陈飞跃等[181] 研究了带阻塞约束的混合流水生产调度问题。Montoya-Torres 等[182] 研究了最小化最大完工时间和延迟交货订单数量的服装企业两阶段混合流水生产调度问题。

　　本章剩余部分内容结构安排如下：6.2 节描述多阶段多机服装制造系统的混合流水生产调度问题；6.3 节建立考虑设置时间和不相关并行机约束的多阶段多机服装制造系统的混合流水生产调度排序模型；6.4 节提出一种改进双种群遗传算法；6.5 节采用仿真实验验证算法的有效性；6.6 节对本章进行小结。

6.2　问题描述

针对 n 个服装生产工单以相同顺序经过裁剪、缝制等 s 个阶段进行生产加工，各生产阶段有 $m_g(m_g > 1)$ 套并行生产系统。在服装生产过程中，无论是裁剪还是缝制等生产阶段上的生产系统，由于个体差异，即使生产加工同一服装生产工单，并行生产系统间的生产效率也不相同，即各生产阶段上的并行生产系统为不相关并行生产系统。此外，同一生产系统针对不同的服装生产工单，存在与生产工单排序相关的调整转换时间问题。本部分研究的多阶段多生产系统服装生产调度问题为考虑序列相关调整转换时间约束和不相关并行生产系统的混合流水生产调度问题，主要包含以下 2 个子问题：服装生产工单排序，即确定每个生产阶段并行生产系统上的生产工单加工顺序；生产系统指派，即确定每个生产工单在各生产阶段上的生产系统分配情况，并将最小化最大完工时间作为优化目标。根据三元组表示法，本部分使用 FFm 表示不相关并行生产系统类型的混合流水生产环境，S_{ijk} 表示生产系统序列相关设置时间，C_{max} 表示最大完工时间，多阶段多机服装制造系统生产调度问题可表示为 $FFm/S_{ijk}/C_{max}$。

6.3 数学建模

本部分基于以下假设构建模型：

第一，所有生产工单在零时刻到达，忽略生产系统发生随机故障的情况；

第二，每个生产工单只有在前一个阶段加工完成后才能进入下一阶段进行生产加工；

第三，生产工单在加工过程中具有不可抢占性；

第四，每个生产工单在每个生产阶段只选择一套生产系统进行生产加工；

第五，同一生产阶段的不同生产系统均可完成相应的生产加工任务。

模型中符号定义如下：

n：生产工单总数；

s：生产加工阶段总数；

i, j：生产工单编号，$i, j = 1, 2, \cdots, n$；

g：生产阶段编号，$g = 1, 2, \cdots, s$；

m_g：第 g 个生产阶段拥有的并行生产系统数，$m_g > 1$；

k：第 g 个生产阶段的生产系统编号，$k = 1, 2, \cdots, m_g$；

T_{igk}：生产工单 i 在第 g 个生产阶段的第 k 套生产系统上的加工时间；

C_{ig}：生产工单 i 在第 g 个生产阶段上的加工结束时间；

B_{igk}：生产工单 i 在第 g 个生产阶段的第 k 套生产系统上的开始加工时间；

$Jnumber_{gk}$：第 g 个生产阶段的第 k 套生产系统上所分配的生产工单个数；

Job_{gkl_k}：第 g 个生产阶段的第 k 套生产系统上分配的第 l 位生产工单编

号，$l_k = 1, 2, \cdots, Jnumber_{gk}$；

ST_{ijgk}：第 g 个生产阶段的第 k 套生产系统上生产工单 i 到 j 的设置时间。

$$y_{ijgk} = \begin{cases} 1, & \text{第 } g \text{ 阶段的第 } k \text{ 套生产系统上加工完工单 } i \text{ 后接着加工工单 } j \\ 0, & \text{否则} \end{cases}$$

$$\sum_{i,j=1}^{N} \sum_{g=1}^{s} \sum_{k=1}^{M_g} y_{ijgk} = 1 \tag{6-1}$$

$$x_{igk} = \begin{cases} 1, & \text{生产工单 } i \text{ 在 } g \text{ 阶段的第 } k \text{ 套生产系统上加工} \\ 0, & \text{否则} \end{cases}$$

$$\sum_{k=1}^{M_g} x_{igk} = 1 \tag{6-2}$$

公式(6-2)确保每个生产工单在任一阶段只能在一套生产系统上加工。

根据上述的符号定义和假设条件，建立多阶段多机服装制造系统生产调度排序模型。

生产工单 i 在第 g 个生产阶段的第 k 套生产系统上的开始加工时间：

$$B_{igk} = \begin{cases} C_{ig-1}, l_k = 1 \quad g \neq 1 \\ C_{Job_{gk(l_{k-1})}g} + y_{Job_{gkl_k}Job_{gk(l_{k-1})}gk}ST_{Job_{gkl_k}Job_{gk(l_{k-1})}} \\ 0, l_k = 1 \quad g = 1 \end{cases} \tag{6-3}$$

生产工单 i 在第 g 个生产阶段上的加工结束时间：

$$C_{ig} = B_{igk} + T_{igk} \tag{6-4}$$

第 i 个生产工单的完工时间：

$$C_i = C_{is} = B_{isk} + T_{isk} \tag{6-5}$$

所有生产工单的最大完工时间最小为：

$$F = min[C_{max} = max(C_i)] \tag{6-6}$$

6.4　优化算法

有 2 个生产阶段且其中一个生产阶段中有并行设备的单目标混合流水生产调度问题已被证明为 NP-Hard 问题[183]，则本部分考虑的设置时间和不相关并行生产系统的多阶段多机服装混合流水生产调度问题就更为复杂。近年来，自然算法中的智能优化算法为复杂混合流水生产调度模型的求解提供了一种可行的方案，如学者们采用了果蝇优化算法（Fruit Fly Optimization Algorithm）[184]、人工蜂群优化算法（Artificial Bee Colony Optimization Algorithm）[185]、多班教学优化算法（Multi-class Teaching Learning Based Optimization Algorithm）[186]、候鸟优化算法（Migrating Birds Optimization Algorithm）[187]、粒子群优化算法[188]、布谷鸟优化算法（Cuckoo Search Optimization Algorithm，CSOA）、遗传算法[189-192]、蚁群优化算法[193-194]、分布估计算法（Estimation of Distribution Algorithm）[195]等求解。上述算法，有的全局搜索能力强但局部搜索能力弱，有的则反之。可知，如何有效地平衡智能优化算法全局和局部搜索能力这一问题亟待有效解决。遗传算法是一种常用的智能优化算法，具有通用性、鲁棒性、隐含并行性等特点，适用于求解组合优化问题。但在解决一些实际复杂生产调度问题时，遗传算法很容易在群体中的解还未达到最优时，个体之间就变得非常相似，且丧失了进化能力，导致种群很快收敛于局部最优解而不是全局最优解，出现"早熟"现象，使得遗传算法的性能及优化效果大为降低。而保持种群的多样性是解决遗传算法"早熟"问题的有效方法。[196]程子安等[197]采用双种群遗传算法优化柔性作业生产调度问题。李佳磊等[198]设计了双种群遗传算法求解具有预防性维护的分布式混合流水生产调度问题。考虑到局部搜索与全局搜索相结合可以提高遗传算法的优化性能，本部分在充分借鉴遗传算法的基础上，采用改进双种群遗传算法来求解多阶段多机服装制造系统混合流水生产调度问题。

6.4.1 改进双种群遗传算法

双种群遗传算法本质上是一种并行遗传算法,改进双种群遗传算法,让2个子种群独立进化,确保了子种群的多样性。子种群1作为开发群体,重在提高算法的局部搜索性能;子种群2作为探测群体,在遗传算法选择、交叉操作的基础上引入扰动式变异操作,重在提高算法的全局搜索能力。在进化过程中,将种群1中最差个体同种群2中最优个体进行交换,实现2个种群的协同优化,从而扩大算法搜索空间,提高解的质量。改进双种群遗传算法流程如图6.2所示。

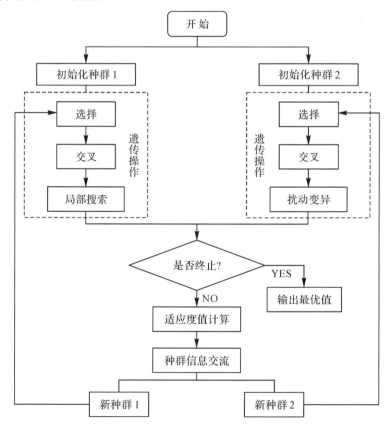

图 6.2　改进双种群遗传算法流程图

改进双种群遗传算法具体步骤如下:

步骤1:算法参数初始化,设置迭代次数、种群规模、交叉概率和变异概率等参数。

步骤 2：随机生成初始化种群 1 和初始化种群 2。

步骤 3：对 2 个独立种群分别进行遗传操作。种群 1 在完成选择和交叉操作后，执行局部搜索操作；种群 2 在完成选择、交叉操作后，执行扰动式变异操作。

步骤 4：判断是否达到算法终止运算条件，若达到则输出最优解，否则进入步骤 5。

步骤 5：分别计算 2 个种群中所有个体的适应度值。

步骤 6：2 个种群间进行信息交换后生成新种群 1 和新种群 2，再转步骤 3。

6.4.2 算法实现

1)编码与解码

编码与解码是将模型问题融入自然算法的一个关键过程，编码决定着输入，解码决定着输出。利用智能优化算法求解混合流水生产调度问题的编码方式主要有 2 类：第一类是矩阵编码，即一个矩阵表示一个生产调度方案，矩阵的行表示生产阶段，矩阵的列表示工件；第二类是排列编码，即取所有工件序号的排列作为一个个体，然后在第一阶段按照各个工件在该排列中的位置，依次对工件进行设备选择。针对多阶段多机服装制造系统生产调度问题，一个完整的编码方案需包括各生产工单在各生产阶段上的生产系统指派，以及同一生产阶段各不相关并行生产系统上生产工单的加工顺序这 2 部分。本部分采用基于矩阵的实数编码方法，这种编码方法能巧妙地利用矩阵的元素和位置信息，较好地解决多阶段多生产系统服装制造生产调度的工单和生产系统之间的约束问题，也能使得每个染色体与可行的调度方案一一对应，并且在进行遗传操作时不会产生非法解。

需要加工的生产工单有 n 个，每个生产工单都要依次经过 s 个阶段加工生产，每个阶段上不相关的并行生产系统数为 $m_g(g=1,2,\cdots,s)$，相应的编码矩阵为：

$$\boldsymbol{A}_{s \times n} = \begin{bmatrix} a_{11} & a_{12} & & a_{1n} \\ & & \cdots & \\ a_{21} & a_{22} & & a_{2n} \\ \vdots & \ddots & & \vdots \\ a_{s1} & a_{s2} & \cdots & a_{sn} \end{bmatrix}$$

编码矩阵的行对应生产阶段,列对应服装生产工单。其中,编码矩阵第一行的元素 a_{1j} 为区间 $(1, m_1 + 1)$ 上的一个实数,表示服装生产工单 j 的第一个生产阶段在编号为 $Int(a_{1j})$ 套的生产系统上加工,函数 $Int(x)$ 表示对实数 x 取整。编码矩阵第 $s(s > 1)$ 行的元素 a_{sj} 为区间 $\left(1 + \sum\limits_{g=1}^{s-1} m_g, 1 + \sum\limits_{g=1}^{s} m_g\right)$ 上的一个实数,表示生产工单 j 的第 s 个生产阶段在编号为 $Int(a_{sj})$ 套的生产系统上加工。在生产加工过程中很有可能会出现 $Int(a_{sj}) = Int(a_{si})(j \neq i)$ 的情况,这表明同一个生产阶段的多个服装生产工单是在同一套生产系统上进行生产加工的。假如是第一个生产阶段上的 2 个生产工单在同一套生产系统上进行生产加工,则不同服装生产工单间按照 a_{1j} 值的升序排列。如果不是在同一个生产阶段上的 2 个生产工单在同一套生产系统上进行生产加工,则根据先完成前一个生产阶段先加工的原则确定排序。

矩阵编码完成后,可以确定染色体,每条染色体由 s 个小段组成,每个小段包括 n 个基因,段与段之间用标识符断开,标识符用"0"表示,标识符前后代表不同的生产阶段,因此染色体的长度为 $s(n + 1) - 1$,表示为 $[a_{11}, a_{12}, \cdots, a_{1n}, 0, a_{21}, a_{22}, \cdots, a_{2n}, 0, \cdots 0, a_{s1}, a_{s2}, \cdots, a_{sn}]$。

假设有 10 个服装生产工单,要经 3 个生产阶段才能完成整个生产过程,3 个生产阶段共有 7 套生产系统,各生产阶段的并行生产系统数分别为 3,2,2。按照前述编码规则,随机产生的编码矩阵如下:

$$\boldsymbol{A} = \begin{bmatrix} 1.1 & 1.5 & 3.1 & 1.8 & 2.6 & 2.7 & 3.5 & 2.8 & 2.3 & 3.1 \\ 4.6 & 5.1 & 4.3 & 5.2 & 4.5 & 5.6 & 4.7 & 4.1 & 5.9 & 5.6 \\ 7.3 & 7.3 & 7.8 & 6.5 & 7.6 & 6.3 & 6.2 & 6.9 & 7.4 & 6.7 \end{bmatrix}$$

相应的染色体为:

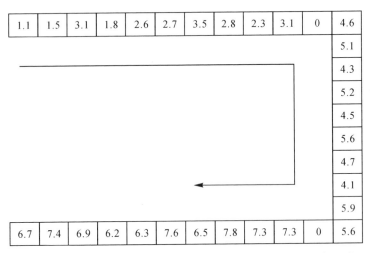

| 1.1 | 1.5 | 3.1 | 1.8 | 2.6 | 2.7 | 3.5 | 2.8 | 2.3 | 3.1 | 0 | 4.6 |

对于上述编码方法,采用如下解码算法可以构造一个调度方案:对矩阵 **A** 中的实数集合分别求整,得到如下生产系统解码矩阵:

$$\boldsymbol{B}=\begin{bmatrix} 1 & 1 & 3 & 1 & 2 & 2 & 3 & 2 & 2 & 3 \\ 4 & 5 & 4 & 5 & 4 & 5 & 4 & 4 & 5 & 5 \\ 7 & 7 & 7 & 6 & 7 & 6 & 6 & 6 & 7 & 6 \end{bmatrix}$$

根据各工序上的并行机编号规则,由矩阵 **B** 可得到服装生产工单在各生产阶段的生产系统配置关系。生产工单 1 的 3 个生产阶段分别在编号为 [1,4,7] 的生产系统上进行生产加工;生产工单 2 的 3 个阶段分别在编号为 [1,5,7] 的生产系统上进行生产加工;生产工单 3 的 3 个阶段分别在编号为 [3,4,7] 的生产系统上进行生产加工;生产工单 4 的 3 个阶段分别在编号为 [1,5,6] 的生产系统上进行生产加工;生产工单 5 的 3 个阶段分别在编号为 [2,4,7] 的生产系统上进行生产加工;生产工单 6 的 3 个阶段分别在编号为 [2,5,6] 的生产系统上进行生产加工;生产工单 7 的 3 个阶段分别在编号为 [3,4,6] 的生产系统上进行生产加工;生产工单 8 的 3 个阶段分别在编号为 [2,4,6] 的生产系统上进行生产加工;生产工单 9 的 3 个阶段分别在编号为 [2,5,7] 的生产系统上进行生产加工;生产工单 10 的 3 个阶段分别在编号为 [3,5,6] 的生产系统上进行生产加工。

生产系统 1 上生产加工的服装生产工单编号及顺序为 [1,2,4];生产系统 2 上生产加工的服装生产工单编号及顺序为 [9,5,6,8];生产系统 3 上生产加工的服装生产工单编号及顺序为 [3,10,7]。

2)初始种群

根据染色体的编码方式,随机产生染色体组成初始种群。染色体中基因 a_{gi} 的大小与第 g 道工序的并行生产系统数量有关,需要满足:

$$1 < a_{gi} < (m_1 + 1) \quad g = 1 \tag{6-7}$$

$$\left(1 + \sum_{s=1}^{g-1} m_s\right) < a_{gi} < \left(1 + \sum_{s=1}^{g} m_s\right) \quad g > 1 \tag{6-8}$$

3)适应度函数

本部分求解混合流水生产调度问题的优化目标是最小化最大完工时间,所以取最大完工时间的倒数作为适应度函数值。适应度函数为:

$$f_k = \frac{1}{C_{max}(k)} \tag{6-9}$$

其中,$C_{max}(k)$ 表示第 k 个染色体所代表的生产调度方案的最大完工时间。

4)选择算子

采用轮盘赌选择策略,即每个个体的选择概率与其适应度值的大小成比例。群体的规模为 n,个体 i 的适应度值表示为 f_i,则个体 i 被选择的概率为:

$$P_i = \frac{f_i}{\sum_{1}^{n} f_i} \tag{6-10}$$

5)交叉算子

交叉操作是选择 2 个染色体进行配对,配对染色体的基因片段相互交换形成新的个体,这样可以增加种群多样性。为了提高搜索性能,保证个体的合法性,对所提改进双种群混合遗传算法中的种群 1 和种群 2 均采用分行交叉策略。具体步骤如下:

步骤 1:随机产生交叉行 $\gamma(1 \leqslant \gamma < s)$。

步骤 2:对实行交叉的 2 个个体,互换分界行下侧内容,得到交叉后的 2

个新个体。

2 个父代染色体 A_1 和 A_2 的矩阵编码如下所示：

$$A_1 = \begin{bmatrix} 2.1 & 1.5 & 3.1 & 1.8 & 1.6 & 2.7 & 3.5 & 2.8 & 2.3 & 3.1 \\ 4.6 & 5.1 & 5.3 & 4.2 & 4.5 & 5.6 & 5.0 & 5.1 & 4.9 & 5.6 \\ 6.3 & 7.3 & 6.8 & 6.5 & 6.6 & 6.3 & 7.2 & 6.9 & 7.4 & 7.7 \end{bmatrix}$$

$$A_2 = \begin{bmatrix} 3.2 & 2.3 & 3.5 & 2.4 & 2.6 & 1.5 & 1.7 & 3.3 & 1.6 & 3.3 \\ 4.3 & 4.1 & 5.1 & 4.7 & 4.5 & 5.8 & 52 & 4.1 & 5.9 & 5.3 \\ 7.2 & 7.1 & 6.5 & 6.6 & 7.6 & 7.2 & 6.1 & 6.4 & 6.4 & 6.3 \end{bmatrix}$$

随机选择的交叉行为 2，分行进行交叉操作，则产生的 2 个新染色体 C_1 和 C_2 的矩阵编码如下所示：

$$C_1 = \begin{bmatrix} 2.1 & 1.5 & 3.1 & 1.8 & 1.6 & 2.7 & 3.5 & 2.8 & 2.3 & 3.1 \\ 4.6 & 5.1 & 5.3 & 4.2 & 4.5 & 5.6 & 5.0 & 5.1 & 4.9 & 5.6 \\ 7.2 & 7.1 & 6.5 & 6.6 & 7.6 & 7.2 & 6.1 & 6.4 & 6.4 & 6.3 \end{bmatrix}$$

$$C_2 = \begin{bmatrix} 3.2 & 2.3 & 3.5 & 2.4 & 2.6 & 1.5 & 1.7 & 3.3 & 1.6 & 3.3 \\ 4.3 & 4.1 & 5.1 & 4.7 & 4.5 & 5.8 & 52 & 4.1 & 5.9 & 5.3 \\ 6.3 & 7.3 & 6.8 & 6.5 & 6.6 & 6.3 & 7.2 & 6.9 & 7.4 & 7.7 \end{bmatrix}$$

6）变异算子

为增强种群 2 的多样性，对种群 2 采用扰动式变异操作，即对父代个体附加一定的扰动来实现变异。变异算子伪代码为：

```
for (i＝1 to n) do
    d＝int  a_gi / ∑_{s=1}^{g} m_s
    if  d＜1,then
    a'_gi＝a_gi＋1
    else
    a'_gi＝a_gi－1
    end if
end for
```

其中，a_{gi} 为进行变异的个体，a'_{gi} 为变异后的个体。通过这种变异方法可

保证 a'_{gi} 在 $(1+\sum\limits_{g=1}^{s} m_g)$ 内，确保染色体的合法性。例如，扰动变异前，染色体 $\boldsymbol{E}_1$ 矩阵编码如下：

$$\boldsymbol{E}_1 = \begin{bmatrix} 2.1 & 1.5 & 2.1 & 1.8 & 1.6 & 2.7 & 2.5 & 2.8 & 2.3 & 2.1 \\ 4.6 & 5.1 & 5.3 & 4.2 & 4.5 & 5.6 & 5.0 & 5.1 & 4.9 & 5.6 \\ 7.2 & 7.1 & 6.5 & 6.6 & 7.6 & 7.2 & 6.1 & 6.4 & 6.4 & 6.3 \end{bmatrix}$$

经扰动变异后，新染色体 $\boldsymbol{E}'_1$ 矩阵编码如下：

$$\boldsymbol{E}'_1 = \begin{bmatrix} 1.1 & 2.5 & 1.1 & 2.8 & 2.6 & 1.7 & 1.5 & 1.8 & 1.3 & 2.1 \\ 5.6 & 4.1 & 4.3 & 5.2 & 5.5 & 4.6 & 4.0 & 4.1 & 5.9 & 4.6 \\ 6.2 & 6.1 & 7.5 & 7.6 & 6.6 & 6.2 & 7.1 & 7.4 & 7.4 & 7.3 \end{bmatrix}$$

7)局部搜索策略

局部搜索可以拓展算法的搜索范围，增加算法跳出局部极值的概率。本部分在种群1完成交叉操作之后，引入3种局部搜索操作：①交换。随机在编码矩阵每行任意相邻2个分隔符之间选择2个不同位置的基因将它们进行交换。②插入。随机选择染色体编码每行中的任一基因，将其插入同行中的另一个随机位置。③逆序。将染色体编码每行中2个不同的随机位置间的基因交换。

为使算法对以上3种邻域进行合理的搜索以减少不必要的计算，本部分采用 Ong 等[199]提出的求解连续优化问题的 meta-Lamarckian 学习策略，即通过在算法搜索阶段的学习，自适应地从3个邻域结构中选择最适合的一个结构，进行局部搜索，详细步骤如下：

步骤1:假设局部搜索前的染色体个体对应的最佳适应度值为 $f(\theta^i)$，对每种邻域进行 n 次搜索，找出个体最佳适应度值 $f'(\theta^i, m) m \in (1, 2, 3)$，由公式(6-11)计算出第 m 种邻域结构的奖励值：

$$\eta(\theta^i, m) = \frac{\lfloor f(\theta^i) - f'(\theta^i, m) \rfloor}{n} \tag{6-11}$$

步骤2:根据奖励值按照公式(6-12)计算各个邻域的选择概率，并采用轮盘赌策略选择一个领域结构进行搜索。

$$P(i, m) = \frac{\eta(\theta^i, m)}{\sum\limits_{m=1}^{3} \eta(\theta^i, m)} \tag{6-12}$$

8) 种群间信息交换

双种群遗传算法在进化过程中,各种群之间是相互独立的,不同种群之间通过"种群间信息交换"实现信息交流。种群间信息交换是将 2 个种群在进化过程中求得的特定个体定期引入对方的种群中,实现种群间的信息交流和协同进化。交换的具体方式为用种群 2 中的最优个体与种群 1 中的最差个体进行交换。

6.5 仿真实验与分析

6.5.1 实验环境

在 Matlab R 2016a 平台上进行算法编译和仿真测试,所有试验均在便携式计算机上完成,处理器参数为 Intel(R) Core(TM) i5-6300U CPU @ 2.40GHz,内存为 4.00G。

6.5.2 参数校验

改进双种群遗传算法涉及的主要参数是:种群数量、交叉概率、变异概率和迭代次数,本部分参考何国强等[200]提出的参数设置水平。表 6.1 给出了各重点参数在不同水平下的取值,表 6.2 给出了 9 组正交实验设计表,表中各参数的数量水平使用数字表示,比如,种群数量中的数字 1 表示 1000,数字 2 表示 1200。

表 6.1 改进双种群遗传算法重点参数在不同水平下的取值情况

编号	种群数量	交叉概率	变异概率	迭代次数
1	1000	0.4	0.1	300
2	1200	0.6	0.2	320
3	1300	0.9	0.3	350

表 6.2 改进双种群遗传算法重点参数校验正交实验设计表

编号	种群数量	交叉概率	变异概率	迭代次数
1	1	1	1	1
2	1	2	3	2
3	1	3	2	3

编号	种群数量	交叉概率	变异概率	迭代次数
4	2	1	3	3
5	2	2	2	1
6	2	3	1	2
7	3	1	2	2
8	3	2	1	3
9	3	3	3	1

数据来源:摘自 SPSSAU。

　　各生产工单在生产阶段 1 的加工时间为在 $[5,10]$ 区间均匀分布的随机整数;在生产阶段 2 的加工时间为在 $[20,40]$ 区间均匀分布的随机整数;在生产阶段 3 的加工时间为在 $[10,15]$ 区间均匀分布的随机整数;在生产阶段 4 的加工时间为在 $[5,10]$ 区间均匀分布的随机整数;各生产阶段的设置时间为在 $[5,10]$ 区间均匀分布的随机整数。在此,选取算例 $n=10,s=3$ 的测试结果进行算法参数校验,3 个生产阶段分别对应服装生产裁剪、缝制、锁钉生产阶段。其中,生产阶段 1 有 4 套不相关并行生产系统,生产阶段 2 有 3 套不相关并行生产系统,生产阶段 3 有 3 套不相关并行生产系统。为避免结果的随机性,每组参数的算法要运行 20 次,将运行 20 次后结果的平均值作为响应变量,表 6.3 显示了正交试验仿真结果。

表 6.3　改进双种群遗传算法重点参数校验正交实验仿真结果

编号	种群数量	交叉概率	变异概率	迭代次数	最大完工时间平均值
1	1000	0.4	0.1	300	142.3
2	1000	0.6	0.3	320	141.8
3	1000	0.9	0.2	350	141.2
4	1200	0.4	0.3	350	142.6
5	1200	0.6	0.2	300	143.1
6	1200	0.9	0.1	320	142.6
7	1300	0.4	0.2	320	142.1
8	1300	0.6	0.1	350	142.9
9	1300	0.9	0.3	300	142.9

数据来源:作者计算所得。

　　从极差分析表(表6.4)可知,改进双种群遗传算法的种群数量参数在第1个水平即1000时最优,交叉概率在第3个水平即0.9时最优,变异概率在第2个水平即0.2时最优,迭代次数在第2个水平即320时最优。各参数的响应趋势如图6.3所示。

表6.4　改进双种群遗传算法重点参数校验正交实验极差分析表

项	水平	种群数量	交叉概率	变异概率	迭代次数
	1	425.3	427.0	427.8	428.3
K 值	2	428.3	427.8	426.4	426.5
	3	427.9	426.7	427.3	426.7
	1	141.77	142.33	142.60	142.77
K avg 值	2	142.77	142.60	142.13	142.17
	3	142.63	142.23	142.43	142.23
最佳水平		1000	0.9	0.2	320
R		1.00	0.37	0.47	0.60

数据来源:作者计算所得。

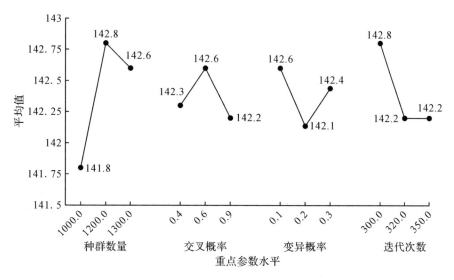

图6.3　改进双种群遗传算法重点参数响应趋势图

6.5.3 算法有效性验证

为验证改进双种群遗传算法的有效性,本部分将其与遗传算法进行对比,2个算法的参数水平均设置为上节所提出的最优水平。根据大中规模服装生产企业特征设计测试算例,其中服装生产工单的数量分别是 10、20、30,对应的生产阶段为裁剪、缝制、锁钉等 3 个生产阶段或裁剪、缝制、锁钉、整烫等 4 个生产阶段。算例的名称为 $n \times s \times k_{s_q}$,其中 n 表示生工单数量,$n \in \{10,20,30\}$,s 表示生产阶段数,$s \in \{3,4\}$,k_{s_q} 表示各生产阶段并行于生产系统的布局方式。三阶段及四阶段服装制造系统各阶段的并行生产系统布局如表 6.5 和表 6.6 所示。例如,算例 $20 \times 3 \times k_{31}$,表示有 20 个服装生产工单经 3 个阶段进行生产加工,其中生产阶段 1 有 3 台不相关并行生产系统,生产阶段 2 有 2 台不相关并行生产系统,生产阶段 3 有 2 台不相关并行生产系统。

表 6.5 三阶段服装制造系统各阶段的并行生产系统布局表

k_{3q}	并行生产系统数		
	生产阶段 1	生产阶段 2	生产阶段 3
$q = 1$	3	2	2
$q = 2$	3	4	2
$q = 3$	4	3	3
$q = 4$	4	5	3
$q = 5$	5	6	4

表 6.6 四阶段服装制造系统各阶段的并行生产系统布局表

k_{4q}	并行生产系统数			
	生产阶段 1	生产阶段 2	生产阶段 3	生产阶段 4
$q = 1$	3	2	2	2
$q = 2$	3	4	2	2
$q = 3$	4	3	3	2
$q = 4$	4	5	3	2
$q = 5$	4	6	3	3

根据上述内容，共生成 30 组算例，在此采用 2 种算法对同一算例运算 20 次后得到的最优解、相对百分比偏差和标准差进行对比分析。相对百分比偏差和标准差公式定义与前文一致。30 组算例的测试结果如表 6.7 所示，表中加粗的字体表示该算例经 2 种算法求解的最优值。

表 6.7 30 组算例测试结果对比

$n \times s \times k$	改进双种群遗传算法			遗传算法		
	Min	SD	RPD/%	Min	SD	RPD/%
$10 \times 3 \times k_{31}$	**217**	1.22	**0**	217	**1.12**	**0**
$10 \times 3 \times k_{32}$	**122**	**0.50**	**0**	**122**	0.51	**0**
$10 \times 3 \times k_{33}$	**141**	**0.08**	**0**	**141**	1.07	**0**
$10 \times 3 \times k_{34}$	**110**	0.80	**0**	111	**0.22**	0.91
$10 \times 3 \times k_{35}$	**87**	1.50	**0**	**87**	**0.50**	**0**
$20 \times 3 \times k_{31}$	**330**	**1.69**	**0**	**330**	1.67	**0**
$20 \times 3 \times k_{32}$	**220**	**1.57**	**0**	**220**	2.06	**0**
$20 \times 3 \times k_{33}$	**267**	**1.31**	**0**	**267**	1.50	**0**
$20 \times 3 \times k_{34}$	**175**	**1.20**	**0**	177	2.26	1.14
$20 \times 3 \times k_{35}$	**140**	**0.18**	**0**	145	1.33	3.57
$30 \times 3 \times k_{31}$	**579**	1.40	**0**	580	**0.38**	0.17
$30 \times 3 \times k_{32}$	**328**	**0.89**	**0**	329	1.90	0.30
$30 \times 3 \times k_{33}$	**382**	**1.57**	**0**	**382**	1.75	**0**
$30 \times 3 \times k_{34}$	303	**1.16**	0.66	**301**	1.24	**0**
$30 \times 3 \times k_{35}$	**242**	**1.39**	**0**	245	1.47	1.24
$10 \times 4 \times k_{41}$	**223**	**1.18**	**0**	**223**	1.77	**0**
$10 \times 4 \times k_{42}$	**147**	**0.53**	**0**	**147**	1.52	**0**
$10 \times 4 \times k_{43}$	**163**	**0.44**	**0**	**163**	1.04	**0**
$10 \times 4 \times k_{44}$	**116**	**0.40**	**0**	**116**	0.57	**0**
$10 \times 4 \times k_{45}$	**117**	**0.40**	**0**	**117**	0.62	**0**
$20 \times 4 \times k_{41}$	**303**	2.49	**0**	**303**	**2.48**	**0**
$20 \times 4 \times k_{42}$	**207**	**1.51**	**0**	**207**	2.51	**0**

$n \times s \times k$	改进双种群遗传算法			遗传算法		
	Min	SD	RPD/%	Min	SD	RPD/%
$20 \times 4 \times k_{43}$	**235**	**1.42**	**0**	236	1.45	0.43
$20 \times 4 \times k_{44}$	**174**	**1.52**	**0**	**174**	2.52	**0**
$20 \times 4 \times k_{45}$	**180**	**1.73**	**0**	**180**	2.73	**0**
$30 \times 4 \times k_{41}$	**569**	**2.70**	**0**	572	3.29	0.53
$30 \times 4 \times k_{42}$	**379**	2.00	**0**	**379**	**1.96**	**0**
$30 \times 4 \times k_{43}$	423	**2.40**	0.24	**422**	2.58	**0**
$30 \times 4 \times k_{44}$	**304**	**3.50**	**0**	307	4.61	0.99
$30 \times 4 \times k_{45}$	**317**	**1.50**	**0**	**317**	1.96	**0**
平均值	**250**	**1.34**	**0.03**	251	1.69	0.28

注:表中 SD 表示标准差,RPD 表示相对百分比偏差。

数据来源:作者计算所得。

从算例测试结果可以看出,对于规模较小的计算实例,2 个算法的性能相近,但随着生产工单数的增加,即面对大规模算例时,本部分提出的改进双种群遗传算法获得了较高质量的解。30 组算例中,改进双种群遗传算法的平均相对百分比偏差为 0.03%,遗传算法的平均相对百分比偏差为 0.28%,这一结果表明,改进双种群遗传算法具有更好的寻优精度。从标准差指标数据来看,改进双种群遗传算法的平均标准差也小于遗传算法的平均标准差,因此改进双种群遗传算法具有较好的稳定性。综上,测试结果从总体上反映出改进双种群遗传算法求解混合流水生产调度模型的有效性。

6.5.4 案例计算

考虑到某女装生产企业涉及裁剪、缝制、锁钉这 3 个生产阶段的服装制造系统中,裁剪阶段有 3 套并行生产系统,缝制阶段有 4 套并行生产系统,锁钉阶段有 2 套并行生产系统,需要生产加工不同款式的 20 个服装生产工单,每个工单具有同样的生产工艺流程。各服装生产工单在每个生产系统的加工时间如表 6.8 所示。裁剪生产阶段和锁钉生产阶段的设置时间与加工时间相比足够小,因此在本案例中不予考虑,缝制生产阶段的生产工单间的转换设置时间如表 6.9 所示。

表 6.8 生产工单在每套生产系统上的加工时间

生产工单编号	生产系统编号								
	1	2	3	4	5	6	7	8	9
1	7	7	6	35	34	35	36	14	15
2	5	6	5	28	28	28	29	11	11
3	7	9	8	29	28	27	27	11	10
4	10	10	11	38	37	37	38	14	13
5	5	5	6	32	30	30	31	10	10
6	8	8	7	40	40	38	40	18	17
7	6	5	6	23	22	23	22	10	10
8	3	3	3	31	31	31	33	13	14
9	7	8	7	27	26	27	27	10	10
10	8	7	7	29	28	28	29	15	16
11	8	8	7	37	36	37	36	13	14
12	5	5	5	28	28	28	27	10	11
13	8	7	7	25	25	26	25	10	10
14	9	9	8	35	36	35	36	14	14
15	6	6	6	32	33	32	31	10	10
16	9	8	8	39	39	39	40	17	18
17	7	7	8	24	26	26	25	10	10
18	3	3	3	28	30	28	29	10	10
19	8	7	8	26	26	29	27	9	10
20	8	7	7	29	28	28	28	15	15

数据来源:某女装生产企业。

改进双种群遗传算法输出的最优染色体编码矩阵为:

$$
\begin{bmatrix}
2.3 & 1.4 & 3.2 & 1.2 & 1.6 & 2.8 & 3.3 & 1.5 & 2.4 & 3.7 & 2.8 & 1.2 & 3.6 & 1.5 & 3.5 & 2.3 & 2.4 & 3.2 & 1.3 & 3.5 \\
4.1 & 5.7 & 6.5 & 5.3 & 6.3 & 7.5 & 7.8 & 6.9 & 4.6 & 7.5 & 4.9 & 5.9 & 5.2 & 6.7 & 7.7 & 5.7 & 4.3 & 7.5 & 4.2 & 6.4 \\
9.5 & 8.3 & 8.3 & 8.9 & 9.2 & 8.2 & 8.6 & 8.4 & 9.5 & 9.3 & 9.7 & 9.9 & 9.3 & 8.2 & 9.6 & 8.9 & 8.4 & 9.4 & 9.3 & 9.1
\end{bmatrix}
$$

表 6.9　20 个生产工单的转换设置时间

生产工单编号	1	2	3	4	5	6	7	8	9	10	11	12	13	14	15	16	17	18	19	20
1	0	9	5	10	5	5	8	5	9	7	9	7	5	9	7	6	11	10	9	11
2	7	0	5	8	5	5	9	5	5	8	8	6	5	8	8	6	9	8	8	9
3	5	5	0	10	5	5	7	4	5	7	7	7	4	9	8	7	10	6	8	11
4	9	6	5	0	7	7	10	5	9	6	9	6	6	7	6	8	8	8	6	9
5	9	7	9	7	0	9	9	7	9	9	5	5	8	7	5	9	8	8	8	8
6	5	7	5	9	5	0	9	6	8	9	7	5	6	8	6	6	6	9	7	8
7	9	7	3	7	7	5	0	7	7	7	7	7	4	9	5	7	7	6	8	9
8	8	9	5	11	7	8	9	0	6	7	7	7	4	7	7	7	9	7	7	9
9	6	8	5	10	9	9	7	6	0	6	6	6	4	7	7	6	7	9	7	10
10	5	7	4	12	6	4	10	9	6	0	7	5	5	8	6	5	9	7	8	8
11	8	7	5	8	7	7	8	5	5	5	0	5	5	7	8	7	9	8	8	11
12	7	6	6	8	5	7	5	6	6	7	7	0	4	9	8	8	10	9	6	8
13	8	8	4	9	6	6	5	6	5	8	5	7	0	5	8	7	8	5	8	9
14	6	7	5	7	5	8	9	6	6	8	7	5	6	0	9	7	9	8	7	7
15	5	5	5	8	6	5	8	6	7	9	6	5	9	6	0	6	7	8	7	8
16	5	8	3	8	6	9	5	5	8	8	6	4	6	9	6	0	7	8	7	6
17	7	7	6	10	7	5	8	6	5	7	8	7	4	6	9	7	0	8	7	9
18	8	8	6	9	6	5	8	7	6	7	8	7	5	8	5	8	8	0	8	8
19	5	7	5	8	8	6	7	7	6	7	8	6	5	7	6	7	9	8	0	8
20	7	6	6	8	5	8	9	6	7	8	7	6	4	9	7	6	8	9	8	0

数据来源：某女装生产企业。

　　20 个服装生产工单的最小化最大完工时间为 215。图 6.4 为最优生产调度方案甘特图，显示了 20 个服装生产工单在 3 个生产阶段上的生产调度方案。图中"m"表示生产系统，"序号 X"表示服装生产工单号，对应的条状图形的起点和终点分别表示该生产工单在各缝制生产系统上的开工时间和完工时间，阴影部分为生产系统转款设置时间。

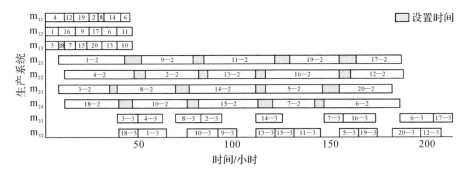

图 6.4　生产调度方案甘特图

6.6 本章小结

多阶段多机服装生产是多阶段单机服装生产和并行服装生产的扩展，更符合服装制造系统实际。本章针对服装多阶段多机生产特点，构建了以最大完工时间最小化为目标，考虑设置时间约束和不相关并行设备约束的多阶段多生产设备服装制造系统生产调度模型。针对该生产调度问题设计了改进双种群遗传算法，对算法的 2 个种群分别执行不同的遗传操作，以增加种群的多样性，改善算法的全局搜索性能。为了验证算法性能，本章将遗传算法作为对比算法验证了改进双种群遗传算法的优越性。同时，对某女装生产企业的 20 个服装生产工单在 3 阶段共 9 套生产系统的服装制造生产调度实例进行了求解。

7

结论与展望

7.1 研究结论

服装企业内部生产环境、服装企业制造资源、服装生产任务特征和生产调度机制是影响服装生产调度的主要因素。其中,服装生产任务特征和服装企业制造资源是前置因素,服装企业内部生产环境是调节因素,生产调度机制是中介因素。这些因素的驱动机理是:服装企业根据生产任务特征和制造资源条件,结合企业内部生产环境,采用合理的生产调度机制,对服装生产调度进行优化。

经灰色关联法分析,服装缝制长度、缝迹密度、织物克重、抗弯刚度、悬垂系数、生产批量、员工工作年限等因素显著影响服装缝制标准工时。本研究以此7个因素作为支持向量机的输入变量,采用粒子群优化算法对支持向量机的核函数参数和惩罚参数进行寻优。经实例测试,本研究构建的基于粒子群算法优化支持向量机的服装缝制标准工时测定模型具有较高拟合度,该模型预测值和实际值的可决系数 $R^2 = 0.86388$,均方误差 $MSE = 0.03585$。经比对,基于粒子群算法优化支持向量机的服装缝制标准工时测定模型相对于交叉验证法参数寻优的支持向量机模型,在预测精度上具有优越性,均方误差指标改善率为 69.03%。

选择服装缝制生产阶段,以最小化最大完工时间为优化目标,构建考虑序列相关设置时间的不相关并行生产调度模型,提出用改进遗传模拟退火混合算法求解,针对每一代遗传运算产生的新种群,使用模拟退火算法逐一进行优化。这既保留了遗传算法全局搜索的优点,又融合了模拟退火算法局部搜索的长处,提高了算法求解精度。仿真实验结果表明,所提算法具有较高的精度和更好的全局寻优能力,证明了对算法的改进是有效的。

针对考虑生产系统发生随机故障的多阶段单机服装制造系统生产调度问题,本研究建立了预防性维护与生产调度集成优化模型。根据该模型的特点,本研究开发了改进和声搜索算法,对新生成的和声进行扰动,扰动的方式是引入插入、逆转、互换等领域搜索操作,以提高和声记忆库中的和声多样性,利于算法跳出局部最优解,从而避免过早收敛。通过实验验证了所提算法的有效性。

针对多阶段多生产系统的服装制造特点,考虑生产过程中的序列相关调整转换时间约束和不相关并行生产系统,本研究建立了基于混合流水生产调度问题的多阶段多生产系统服装制造生产调度模型。在求解混合流水生产调度问题的过程中,本研究提出了一种改进双种群遗传算法。其中,子种群1作为开发群体,重在提高算法的局部搜索性能;子种群2作为探测群体,在标准遗传操作基础上引入扰动式变异操作,重在提高算法的全局搜索能力;在进化过程中将种群1中最差个体同种群2中最优个体进行交换来实现2个种群的协同优化,从而扩大算法搜索空间,提高优化解的质量。通过实际算例对算法有效性进行了验证,结果表明所提出的算法适用于多阶段多机服装制造系统生产调度问题的求解。

7.2 研究展望

本书虽然对服装制造系统生产调度的建模和优化做了探索,并取得了一些积极的成果,但鉴于实际生产调度问题的复杂性,在后续的研究工作中,可以从以下几个方面做进一步的研究:

1)对服装制造系统分布式生产调度的后续研究

随着经济和贸易全球化的不断发展,服装制造业从集中式制造转变为分布式制造,并已成为常见制造模式。充分自治、分布式的协同工作代替金字塔式的多层管理结构,相应的生产调度问题也转变成分布式生产调度问题。服装制造系统分布式生产调度的建模和优化问题,有待今后进一步深入研究。

2)对服装制造系统动态生产调度的后续研究

动态调度问题是更接近服装生产管理实际的问题。若不考虑此因素,所得到的调度结果往往与实际情况有一定的差距,因此有必要对服装制造系统动态生产调度问题进行研究,以提高生产调度的实际应用价值,使其更好地应用与服务于生产实践。

3)对服装制造系统多目标优化生产调度的后续研究

可持续发展理念持续影响服装产业发展。对于服装生产企业,不但要考虑经济效益,环境效益和社会效益也是不容忽视的因素,特别是随着世界范围内人们对服装产品绿色、环保、可持续的要求不断提高,下一步服装制造系统生产调度研究就需要同时考虑经济效益和社会、环境影响,以期实现多目标最优的生产调度。

4)对服装制造系统生产调度优化算法的后续研究

探讨和设计适当的启发式调度规则,将智能优化算法与启发式规则相结合,以期获得更优的搜索效率及优化效果,进一步提高算法的求解效率。

5)对服装制造生产调度原型系统的后续研究

利用已经获得的理论研究成果,开发服装制造系统生产调度原型系统,为最终开发商用软件提供有力支持,为编制服装企业生产调度方案的人员提供有效的工具和软件。

参考文献

[1] 中国服装协会.中国服装行业"十四五"发展指导意见和 2035 年远景目标[EB/OL]. (2021-10-22). http://m. baobei360. com/articles/detail-182-061. html.

[2] 李琳.混合生产型企业的生产调度优化研究[M].上海:上海交通大学出版社,2011.

[3] 侯艳.炼油厂原油处理短期生产计划调度优化[D].广州:广东工业大学,2016.

[4] 王万良,吴启迪.生产调度智能算法及其应用[M].北京:科学出版社,2007.

[5] 崔维伟.离散制造系统生产调度与设备维护的集成优化研究[D].上海:上海交通大学,2019.

[6] KENNETH N M, VINCENT C S W. Unifying the theory and practice of production scheduling[J]. Journal of manufacturing systems,1999,18(4):241-255.

[7] REKLAITIS G V. Overview of planning and scheduling technologies [J]. Latin American applied research,2000,30(4):285-293.

[8] 薄洪光.基于数据和扰动辨识的生产调度优化理论[M].北京:科学出版社,2013.

[9] 吴韬,张梦莹,曾越. 基于 Web of Science 文献计量分析的 TOD 研究进展[C]//中国城市规划学会.面向高质量发展的空间治理:2021 中国城市规划年会论文集.北京:中国建筑工业出版社,2021:129-138.

[10] 史俊炜,文福拴,崔鹏程,等.参与需求响应的工业用户智能用电管理[J].电力系统自动化,2017,41(14):45-53.

[11] KONDILI E, PANTELIDES C C, SARGENT R W H. A general

algorithm for short-term scheduling of batch operations-I. MICP formulation [J]. Computers & chemical engineering,1993,17(2):211-227.

[12] BOSE S K,BHATTACHARYA S. A state task network model for scheduling operations in cascaded continuous processing units[J]. Computers & chemical engineering,2009,33(1): 287-295.

[13] MARAVELIAS C T,GROSSMANN I E. A new general continuous-time state-task network formulation for short-term scheduling of multipurpose batch plants[J]. Industrial & engineering chemistry research, 2003, 42(13):3056-3074.

[14] LEE K H,PARK H Ⅱ,LEE I B. A novel nonuniform discrete time formulation for short-term scheduling of batch and continuous processes [J]. Industrial & Engineering Chemistry Research, 2001, 40(22): 4902-4911.

[15] PANTELIDES C C. Unified frameworks for the optimal process planning and scheduling[C]. CACHE Publications,1994:253-274.

[16] AVADIAPPAN V,MARAVELIAS C T. State estimation in online batch production scheduling: concepts, definitions, algorithms and optimization models[J]. Computers & chemical engineering, 2021, 146(7):1-14.

[17] CASTRO P M,NOVAIS A Q. Optimal periodic scheduling of multistage continuous plants with single and multiple time grid formulations[J]. Industrial and engineering chemistry research, 2007, 46(11): 3669-3683.

[18] 袁媛. 钢铁生产与物流调度的时空建模和凸优化方法[D]. 沈阳:东北大学,2017.

[19] BOWMAN E H. The Schedule-sequencing problem[J]. Operations research,1959,7(5): 621-624.

[20] 闫萍. 石化生产过程批决策及批调度问题研究[D]. 沈阳:东北大学,2009.

[21] LINDHOLM A,GISELSSON P. Minimization of economical losses due to utility disturbances in the process industry[J]. Journal of process

control, 2013, 23(5): 767-777.

[22] LINDHOLM A, JOHNSSON C, QUTTINEH N H, et al. Hierarchical scheduling and utility disturbance management in the process industry [J]. Computers & chemical engineering, 2013, 71(9): 489-500.

[23] YUE W, SU H, SHAN L, et al. Hierarchical approach of planning and scheduling with demand uncertainty and utility disturbance[C]// Proceedings of the 5th International Symposium on Advanced Control of Industrial (ADCONIP/14), 2014: 28-29.

[24] LASSERRE J B, QUEYRANNE M. Generic scheduling polyhedra and a new mixed-integer formulation for single-machine scheduling[C]// Integer Programming & Combinatorial Optimization Conference, DBLP, 1992: 136-149.

[25] PINTO J M, GROSSMANN I E. A continuous time mixed integer linear programming model for short term scheduling of multistage batch plants[J]. Industrial & Engineering Chemistry Research, 1995, 34(9): 3037-3051.

[26] CHEN C L, LIU C L, FENG X D, et al. Optimal short-term scheduling of multiproduct single-stage batch plants with parallel lines[J]. Industrial & engineering chemistry research, 2002, 41(5): 1249-1260.

[27] SCHILLING G, PANTELIDES C C. A simple continuous-time process scheduling formulation and a novel solution algorithm[J]. Computers & chemical engineering, 1996, 20(Supp-2): S1221-S1226.

[28] IERAPETRITOU M G, FLOUDAS C A. Effective continuous-time formulation for short-term scheduling. 1. multipurpose batch processes [J]. Industrial & engineering chemistry research, 1998, 37 (11): 4341-4359.

[29] WU D, IERAPETRITOU M. Cyclic short-term scheduling of multiproduct batch plants using continuous-time representation[J]. Computers & chemical engineering, 2004, 28(11): 2271-2286.

[30] JANAK S L, LAN X X, FLOUDAS C A. Enhanced continuous-time

unit-specific event-based formulation for short-term scheduling of multipurpose batch processes：resource constraints and mixed storage policies[J]. Industrial & engineering chemistry research，2004，43 (10)：2516-2533.

[31] SHAIK M A,FLOUDAS C A. Novel unified modeling approach for short-term scheduling[J]. Industrial & engineering chemistry research，2009，48(6)：2947-2964.

[32] DYER M E,WOLSEY L A. Formulating the single machine sequencing problem with release dates as a mixed integer program[J]. Discrete applied mathematics reprints core,1990,26(2)：255-270.

[33] CHUDAK F A,HOCHBAUM D S. A half-integral linear programming relaxation for scheduling precedence-constrained jobs on a single machine [J]. Operations research letters,1999,25(5)：199-204.

[34] KOPANOS G M, KYRIAKIDIS T S, GEORGIADIS M C. New continuous-time and discrete-time mathematical formulations for resource-constrained project scheduling problems[J]. Computers & chemical engineering，2014,68(4)：96-106.

[35] 王林平.应用齐套概念的离散制造业生产调度问题研究[D].大连:大连理工大学,2009:19-20.

[36] 徐开亮.生产任务加工时间可控条件下的生产调度问题研究[D].西安:西安交通大学,2010.

[37] 王建华,潘宇杰,孙瑞.自适应 Jaya 算法求解多目标柔性车间绿色调度问题[J].控制与决策,2021,36(7):1714-1722.

[38] XIAO Y J,ZHENG Y,YU Y J,et al. A branch and bound algorithm for a parallel machine scheduling problem in green manufacturing industry considering time cost and power consumption[J]. Journal of cleaner production，2021，320：1-11.

[39] OZTURK O,BEGEN M A,ZARIC G S. A branch and bound algorithm for scheduling unit size jobs on parallel batching machines to minimize makespan[J]. International journal of production research，2016,55

(6):1815-1831.

[40] MOKOTOFF E. An exact algorithm for the identical parallel machine scheduling problem[J]. European journal of operational research, 2004,152(3):758-769.

[41] WANG S J, LIU M. A branch and bound algorithm for single-machine production scheduling integrated with preventive maintenance planning[J]. International journal of production research, 2013, 51(3): 847-868.

[42] CARLIER J, NÉRON E. An exact method for solving the multi-processor flow-shop[J]. RAIRO-Operations research, 2000, 34(1):1-25.

[43] NÉRON E, BAPTISTE P, GUPTA J N D. Solving hybrid flow shop problem using energetic reasoning and global operations[J]. Omega, 2001, 29(6): 501-511.

[44] FANJUL-PEYRO L, RUIZ R, PEREA F. Reformulations and an exact algorithm for unrelated parallel machine scheduling problems with setup times[J]. Computers & operations research, 2019, 101(1):173-182.

[45] 杨宏兵,沈露,成明,等.带退化效应多态生产系统调度与维护集成优化[J].计算机集成制造系统,2018,24(1):80-88.

[46] 常晓坤,董明.不确定环境下等待时间受限的混合流水车间调度问题研究[J].工业工程与管理,2016,21(5):35-41.

[47] WEBSTER S, AZIZOGLU M. Dynamic programming algorithms for scheduling parallel machines with family setup times[J]. Computers & operations research,2001,28(2):127-137.

[48] HONG H C, LIN B M T. Parallel dedicated machine scheduling with conflict graphs[J]. Computers & industrial engineering, 2018,124: 316-321.

[49] PANWALKAR S S, ISKANDER W. A survey of scheduling rules [J]. Operations research,1977,25(1):45-61.

[50] HOLTHAUS O, RAJENDRAN C. Efficient dispatching rules for scheduling in a job shop[J]. International journal of production economics, 1997,48(1):87-105.

[51] MONTAZERI M，WASSENHOVE L N N. Analysis of scheduling rules for an FMS［J］. International journal of production research，1990,28(4):785-802.

[52] 蒋南云.存在返工的定点装配车间生产计划与调度集成优化［D］.南京：东南大学,2018.

[53] 李豆豆.生产调度的启发式规则研究综述［J］.机械设计与制造工程，2014,43(2):51-56.

[54] ZHANG L K,DENG Q W,LIN R H，et al. A combinatorial evolutionary algorithm for unrelated parallel machine scheduling problem with sequence and machine-dependent setup times，limited worker resources and learning effect［J］. Expert systems with applications,2021,175(114843):1-12.

[55] JEMMALI M，HIDRI L. Bounding schemes for the parallel machine scheduling problem with DeJong's learning effect［J］. Journal of parallel and distributed computing，2021,156:101-118.

[56] SHEN J Y，ZHU Y G. A parallel-machine scheduling problem with periodic maintenance under uncertainty［J］. Journal of ambient intelligence and humanized computing,2018,10(8):3171-3179.

[57] CASSADY C R,KUTANOGLU E. Integrating preventive maintenance planning and production scheduling for a single machine［J］. IEEE transactions on reliability，2005,54(2)：304-309.

[58] 周炳海,蒋舒宇,王世进,等.集成生产与预防性维护的流水线车间调度算法［J］.大连海事大学学报,2007,33(3):32-35.

[59] 苏志雄,伊俊敏.混合流水车间调度问题的两阶段启发式算法［J］.厦门理工学院学报,2015,23(4):19-25.

[60] ARTIBA A,RIANE F. An application of a planning and scheduling multi-model approach in the chemical industry［J］. Computers in industry，1998,36(3):209-229.

[61] 任上,秦江涛.基于着色 Petri 网实现 A 星算法的生产调度优化研究［J］.上海：上海理工大学学报,2013,35(5):463-468,474.

[62] ZHOU J Z,LUO J L,LEFEBVRE D，et al. Modeling and scheduling

methods for batch production systems based on petri nets and heuristic search[J]. IEEE access,2020(8)：163458-163471.

[63] ZHAO Z Y, LIU S X, ZHOU M C，et al. Heuristic scheduling of batch production processes based on petri nets and iterated greedy algorithms [J]. IEEE transactions on automation science and engineering,2022，19(1):251-261.

[64] 李彬彬.订单型服装企业生产作业计划智能调度[J].物流工程与管理，2013,35(12)：160-161.

[65] 凌雪,王雷.基于遗传算法的服装生产流水调度研究[J].机械工程师，2012(2):33-35.

[66] 刘昌慧,徐春丽,华东平.纺织企业生产调度问题的研究[J].纺织科学研究,2003(4):24-29.

[67] 张力文,罗中良.服装生产排期优化算法研究[J].现代计算机,2013(20):11-15.

[68] 徐俊刚,戴国忠,王宏安.生产调度理论和方法研究综述[J].计算机研究与发展,2004,41(2):257-267.

[69] 王桂荣.分时电价下炼钢连铸生产调度优化方法[D].济南:山东大学,2017.

[70] 李敬花,刘文剑,金天国.基于多 Agent 的多型号生产调度系统研究[J].计算机集成制造系统,2006,12(4):573-578.

[71] SHUKLA O J, SONI G, KUMAR R，et al. A review of multi agent-based production scheduling in manufacturing system[J]. Recent patents on engineering，2021,15(5):15-32.

[72] 王艳红,尹朝万,张宇.基于多代理和规则调度的敏捷调度系统研究[J].计算机集成制造系统,2000,6(4)：45-49,60.

[73] 何睿超,徐骏善,汪惠芬.基于Petri网与多代理的半导体调度系统建模及仿真[J].机械设计与制造工程,2021,50(11):13-19.

[74] HELD M, KARP R M. The traveling-salesman problem and minimum spanning trees[J]. Operational research，1970,18(6):1138-1162.

[75] 宋潇潇.面向精益生产的传送带式流水线生产调度关键技术研究[D].

重庆:重庆大学,2010.

[76] KAIHARA T,FUJII N,TSUJIBE A, et al. Proactive maintenance scheduling in a re-entrant flow shop using lagrangian decomposition coordination method[J]. CIRP annals-manufacturing technology,2010, 59(1):453-456.

[77] TANG L,XUAN H. Lagrangian relaxation algorithms for real-time hybrid flowshop scheduling with finite intermediate buffers[J]. Journal of the operational research society,2006, 57(3):316-324.

[78] 周炳海,钟臻怡.可重入混合流水车间调度的拉格朗日松弛算法[J].控制理论与应用,2015,32(7):881-886.

[79] 轩华,唐立新.实时无等待 HFS 调度的一种拉格朗日松弛算法[J].控制与决策,2006(4):376-380.

[80] LAN T S,CHUANG K C,DAI X J, et al. Standard time analysis for military aircraft washing operations[C]//2019 IEEE Eurasia Conference on Iot, Communication and Engineering (ecice),USA:IEEE, 2019: 366-368.

[81] HUR M,LEE S K,KIM B, et al. A Study on the man-hour prediction system for shipbuilding[J]. Journal of intelligent manufacturing, 2015,26(6):1267-1279.

[82] 杨晶.航空产品转包工时估算方法研究[J].中国设备工程,2021(12): 254-256.

[83] 赵晓露,沈津竹,罗玉兰,等.皮夹作业标准工时制定方法比较[J].中国皮革,2021,50(7):132-138,145.

[84] 杨颖,苏翔,王志英,等.基于灰色关联度的船舶分段焊接定额工时估算方法研究[J].中国造船,2021,62(2):236-244.

[85] 赵文浩,邢香园,王治,等.基于知识挖掘的航天产品装配工时定额和管理系统[J].计算机集成制造系统,2021,27(6):1594-1604.

[86] 邵家伟,张浩,苏翔.考虑环境及装配特征的船舶装配工时估算研究[J].江苏科技大学学报(自然科学版),2020,34(6):101-108.

[87] 赵晓露,孔繁学,沈津竹,等.皮具涂胶工序标准工时的制定方法[J].中

国皮革,2020,49(5):54-61.

[88] 刘德亮.服装缝制标准工时研究[J].轻纺工业与技术,2018,47(4):44-
46,50.

[89] 杜劲松,郑梦林,戴玉芳,等.服装模板工序的动作编码[J].纺织学报,
2018,39(9):109-114.

[90] 何海洋,李延峰.MODAPTS法服装工序理论标准工时的计算[J].轻工
科技,2013,29(1):85-86,88.

[91] 王玲,杨以雄,陈炜.服装工序相似性标准工时预测[J].纺织学报,
2016,37(11):114-119,125.

[92] 高云兵,黄萍,汪建刚.抽样法在缝制工时定额中的应用[J].广西纺织
科技,2010,39(1):35-36.

[93] 吴世刚,穆红.服装典型工序工时定额制定方法[J].纺织学报,2011,32
(6):151-154.

[94] 高锡荣,杨建,张嗣成.互联网平台型企业商业模式构建:基于扎根理论
的探索性研究[J].重庆工商大学学报(社会科学版),2020,37(4):
34-48.

[95] 王松,沈江.基于扎根理论的初创中小型企业创新影响因素与路径研究
[J].科技管理研究,2019,39(22):182-190.

[96] 汪雅倩,杨莉明.短视频平台准社会交往影响因素模型:基于扎根理论
的研究发现[J].新闻记者,2019(11):48-59.

[97] 舒辉,胡毅.基于扎根理论的农业物流生态圈协同影响因素分析[J].中
国流通经济,2020,34(1):30-41.

[98] 王建明,王俊豪.公众低碳消费模式的影响因素模型与政府管制政策:
基于扎根理论的一个探索性研究[J].管理世界,2011(4):58-68.

[99] 曾强.离散制造企业批量生产车间调度智能优化研究[D].重庆:重庆
大学,2010.

[100] 李杰.网红经济下服装企业核心竞争力策略研究[J].浙江纺织服装职
业技术学院学报,2021,20(3):67-71.

[101] 刘子文,刘检华,程益,等.基于文本挖掘与神经网络的复杂产品装配
工时估算方法[J].机械工程学报,2021,57(15):199-210.

[102] 李淑娟,李言,洪伟.基于神经网络的加工时间定额确定方法[J].机械科学与技术,2000(2):266-268.

[103] 刘淑红,陈进.应用神经网络辅助计算工时定额的方法研究[J].机床与液压,2007(1):81-83,86.

[104] 钟宏才,刘建峰.应用神经网络实现中间产品加工工时定额的快速计算[J].华东船舶工业学院学报(自然科学版),2003(2):23-28.

[105] 方创新,刘聪,周建中.基于 MOPSO-ELM 的抽水蓄能机组 A 级检修工时预测[J].水电能源科学,2021,39(4):150-153.

[106] 郭超,周丹晨.基于遗传神经网络的工时定额系统[J].计算机应用与软件,2010,27(8):205-208.

[107] 商志根,严洪森.基于核近似的产品设计时间预测[J].计算机集成制造系统,2011,17(6):1144-1148.

[108] 范文婷,王晓.基于改进萤火虫寻优支持向量机的 PM2.5 预测[J].计算机系统应用,2019,28(1):134-139.

[109] 杨景明,郭秋辰,孙浩,等.基于改进果蝇算法与最小二乘支持向量机的轧制力预测算法研究[J].计量学报,2016,37(5):505-508.

[110] SUEHIRO Y,SAKAMOTO Y,SUKIGARA S. Effect of stitch density on "shittori" characteristic forinterlock knitted fabric of ultla-fine fibers[J]. Journal of textile engineering, 2012, 58(4):49-56.

[111] ANDERSON J B. Production efficiency among Mexican apparel assembly plants[J]. The journal of developing areas,1985,19(30):369-378.

[112] 郝彬彬,李冲,王春红.灰色关联度在矿井突水水源判别中的应用[J].中国煤炭,2010,36(6):20-22.

[113] 胡璇,李春,叶柯华,等.改进灰狼算法优化支持向量机在风力机齿轮箱故障诊断中的应用[J].机械强度,2021,43(6):1289-1296.

[114] 王晓虎,康兵,王宗耀,等.基于决策树支持向量机的家用典型负荷分类[J].科技创新与应用,2021,11(34):24-27.

[115] AFZALIRAD M,REZAEIAN J. A realistic variant of bi-objective unrelated parallel machine scheduling problem：NSGA-II and MOACO approaches[J]. Applied soft computing,2017，50(c)：109-123.

[116] DIANA R O M, de FRANCA FILHO M F，de SOUZA S R，et al. An immune-inspired algorithm for an unrelated parallel machines' scheduling problem with sequence and machine dependent setup-times for makespan minimisation[J]. Neurocomputing，2015，163（Sep. 2）：94-105.

[117] 柳丹丹,龚祝平,邱磊.改进遗传算法求解同类并行机优化调度问题[J].机械设计与制造,2020(4):262-265.

[118] 轩华,郑倩倩,李冰.带不相关并行机和有限缓冲MHFS调度的混合启发式算法[J].控制与决策,2021,36(3):565-576.

[119] 邓超,钱斌,胡蓉,等.混合EDA求解三阶段异构并行机装配集成调度问题[J].信息与控制,2019,48(5):552-558.

[120] 黄元元,钱斌,吴丽萍,等.混合果蝇算法求解分布式异构并行机调度[J].控制工程,2020,27(2):254-263.

[121] 陈海潮,程文明,郭鹏,等.混和进化算法求解具有分段恶化效应的并行机调度问题[J].计算机系统应用,2020,29(4):10-17.

[122] 李峥峰,喻道远,杨曙年,等.基于工序约束并行机模型的冲压线调度[J].计算机集成制造系统,2009,15(12):2432-2438.

[123] 刘文程,高家全,方志民.解优先级约束并行机调度问题的人工免疫算法[J].计算机工程与应用,2009,45(30):208-210,213.

[124] 高家全,赵端阳,何桂霞,等.解特殊工艺约束拖后调度问题的并行遗传算法[J].计算机工程与应用,2007(27):184-186,208.

[125] 胡大勇,姚振强.调整时间与顺序相关的等同并行机调度[J].机械工程学报,2011,47(16):160-165.

[126] GRAHAM R L,LAWLER E L,LENSTRA J K，et al. Optimization and approximation in deterministic sequencing and scheduling：a survey [J]. Annals of discrete mathematics，1979,5:287-326.

[127] 石庆民.求解异构并行机调度问题的混合烟花算法[J].计算机应用与软件,2020,37(6):269-276,315.

[128] 宋海草,易树平,吴昌友,等.基于GATS混合算法的最优作业切换不相关并行机成组调度研究[J].重庆大学学报,2020,43(1):53-63.

[129] 刘美瑶,雷德明.基于新型人工蜂群算法的分布式不相关并行机调度[J].控制理论与应用,2020,37(5):1080-1089.

[130] 李雯璐,赵秀栩.求解不相关并行机调度问题的十进制多目标灰狼算法[J].计算机应用研究,2021,38(10):3067-3071.

[131] 高潮,刘志雄.基于轮盘赌编码和粒子群算法的并行机调度优化[J].机械制造,2010,48(6):27-29.

[132] 史烨,李凯.并行机问题的模拟退火调度算法研究[J].运筹与管理,2011,20(4):104-107,112.

[133] 顾文斌,李育鑫,钱煜晖,等.基于激素调节机制 IPSO 算法的相同并行机混合流水车间调度问题[J].计算机集成制造系统,2021,27(10):2858-2871.

[134] 周根贵.生产与运作管理及其遗传算法[M].北京:科学出版社,2012.

[135] 杨丹,王英民,苟艳妮.SA 与 GA 算法在波束图设计中的比较分析[J].计算机仿真,2008(8):323-327.

[136] 高天阳,虞慧群,范贵生.基于模拟退火遗传算法的云资源调度方法[J].华东理工大学学报(自然科学版),2019,45(3):471-477.

[137] 陈应飞,彭正超,胡晓兵,等.基于改进模拟退火-遗传算法的 FMS 生产排程优化分析[J].机械,2021,48(2):7-16.

[138] 郑小虎,鲍劲松,马清文,等.基于模拟退火遗传算法的纺纱车间调度系统[J].纺织学报,2020,41(6):36-41.

[139] 王娟,唐秋华,毛永年.基于遗传模拟退火算法的自动化制造单元周期调度[J].武汉科技大学学报,2020,43(4):283-289.

[140] 王家海,吕程.一种融合模拟退火的遗传算法在柔性作业车间调度中的应用[J].数字技术与应用,2019,37(1):133-136.

[141] 付立东,张金锁,冯雪.GA-SA 模型预测中国能源需求[J].系统工程理论与实践,2015,35(3):780-789.

[142] 董巧英.复杂产品多级制造系统生产计划与调度集成优化研究[D].上海:上海大学,2010.

[143] JOHNSON S M. Optimal two-and three-stage production schedules with setup times included[J]. Naval research logistics quarterly, 1954,

1(1):61-68.

[144] SASMITO A，PRATIWI A B. Stochastic fractal search algorithm in permutation flowshop scheduling problem[C]//International Conference on Mathematics Computational Science and Statistics 2020. New York：AIP Publishing,2021.

[145] 张伟.改进的自适应 NSGA-Ⅱ求解多目标流水车间调度问题[J].绵阳师范学院学报,2021,40(5):11-17.

[146] NAWAZ M,ENSCORE E E,HAM I. A heuristic algorithm for the m-machine, n-job flow-shop sequencing problem[J]. Omega, 1983, 11(1):91-95.

[147] 钟臻怡,杨家荣,吕伟.基于混合蚁群分布估计算法的可重入流水车间调度[J].计算机与数字工程,2021,49(5):863-868,895.

[148] 赵芮,郎峻,顾幸生.基于多目标离散正弦优化算法的混合零空闲置换流水车间调度[J].华东理工大学学报（自然科学版）,2022,48(1):76-86.

[149] 姚康,唐秋华,张子凯,等.考虑序列相关调整时间的多目标置换流水车间调度算法[J].武汉科技大学学报,2021,44(6):452-458.

[150] 丁珮雯,蒋祖华,胡家文,等.带有交货期时间窗的生产与维护联合调度优化[J].上海交通大学学报,2015,49(4):524-530.

[151] 吴青松,杨宏兵,方佳.基于灾变机制的预防性维护和生产调度集成优化方法[J].计算机应用,2017,37(11):3330-3334.

[152] MIYATA H H,NAGANO M S,GUPTA J N D. Integrating preventive maintenance activities to the no-wait flow shop scheduling problem with dependent-sequence setup times and makespan minimization[J]. Computers & industrial engineering, 2019,135:79-104.

[153] JOMAA W,EDDALY M,JARBOUI B. Variable neighborhood search algorithms for the permutation flowshop scheduling problem with the preventive maintenance[J]. Operational research, 2021,21(4):2525-2542.

[154] KUBZIN M A,STRUSEVICH V A. Planning machine maintenance

in two-machine shop scheduling[J]. Operations research，2006，54 (4)：789-800.

[155] LEI X，SONG S L，CHEN X L，et al. Joint optimization of production scheduling and machine group preventive maintenance[J]. Reliability engineering & system safety，2016，146：68-78.

[156] 陈阳,谭园园.衰退流水车间生产与预防性维护调度研究[J].电脑知识与技术,2020,16(3):237-239.

[157] 李小林,司佳佳,尹传传,等.考虑工件释放时间和柔性维护的单机调度问题[J].计算机集成制造系统,2023,29(2):581-592.

[158] 陆志强,牟小涵.考虑质量衰退的批量调度与预防性维护的联合优化[J].同济大学学报(自然科学版),2021,49(4):535-543.

[159] 董君,叶春明.区间数可重入混合流水车间调度与预维护协同优化[J].控制与决策,2021,36(11):2599-2608.

[160] 张思源,陆志强,崔维伟.考虑设备周期性维护的流水车间生产调度优化算法[J].计算机集成制造系统,2014,20(6):1379-1387.

[161] KUBZIN M A，POTTS C N，STRUSEVICH V A. Approximation results for flow shop scheduling problems with machine availability constraints[J]. Computers & operations research,2009,36(2)：379-390.

[162] AGGOUNE R，PORTMANN M C. Flow shop scheduling problem with limited machine availability：a heuristic approach[J]. International journal of production economics,2006,99(1-2)：4-15.

[163] LIAO C J，CHEN W J. Single-machine scheduling with periodic maintenance and nonresumable jobs[J]. Computers & operations research,2003,30(9)：1335-1347.

[164] QI X，CHEN T，TU F. Scheduling the maintenance on a single machine [J]. Journal of the operational research society，1999，50(10)：1071-1078.

[165] CHEN Y，SU L H，TSAI Y C，et al. Scheduling jobs on a single machine with dirt cleaning consideration to minimize total completion

time[J]. IEEE access,2019,7(1)：22290-22300.

[166] 王昕,吴晓,郭鹏,等.考虑周期性维护与工时恶化的单机调度研究[J].河北科技大学学报,2020,41(3):201-209.

[167] 蒋淑珺.基于最优化的冶金生产批量计划及调度问题研究[D].沈阳:东北大学,2009.

[168] 崔维伟,陆志强,潘尔顺.基于多目标优化的生产调度与设备维护集成研究[J].计算机集成制造系统,2014,20(6):1398-1404.

[169] 李杨,杨明顺,陈曦,等.一种流水车间预测性维护与生产调度集成优化方法[J].机械科学与技术,2022,41(7):1055-1061.

[170] 宋文家,张超勇,尹勇,等.基于多目标混合殖民竞争算法的设备维护与车间调度集成优化[J].中国机械工程,2015,26(11):1478-1487.

[171] 高明中,唐秋华,钱新博.基于双层循环的流水车间调度与设备维护鲁棒集成优化方法[J].武汉科技大学学报,2021,44(3):188-195.

[172] GEEM Z W, KIM J H, LOGANATHAN G V. A new heuristic optimization algorithm：harmony search[J]. Simulation，2001,76(2):60-68.

[173] 李旭阳,蔡延光.改进的和声搜索算法求解带时间窗的物流运输调度问题[J].电子世界,2021(12):77-81.

[174] 王艳,吴龙成,纪志成,等.基于改进和声搜索算法的多目标硫化车间调度[J].系统仿真学报,2018,30(1):139-146.

[175] SALVADOR M S. A solution to a special class of flow shop scheduling problems[C]// ELMAGHRABY S E. Symposium on the theory of scheduling and its applications,Berlin：Springe,1973,86:83-91.

[176] MOUSAVI S M,MAHDAVI I,REZAEIAN J, et al. An efficient bi-objective algorithm to solve re-entrant hybrid flow shop scheduling with learning effect and setup times[J]. Operational research, 2018, 18(1):123-158.

[177] 张洪亮,张金春,盖海江.带有学习效应的多目标置换流水车间调度问题研究[J].南华大学学报(自然科学版),2020,34(5):77-86.

[178] 黄辉,李梦想,严永.考虑序列设置时间的混合流水车间多目标调度研

究[J].运筹与管理,2020,29(12):215-221.

[179] 李俊青,李荣昊,陶昕瑞,等.帝国竞争算法求解资源约束混合流水车间调度问题[J].聊城大学学报(自然科学版),2022,35(2):14-26.

[180] 耿凯峰,叶春明.考虑多时间因素的绿色可重入混合流水车间调度问题[J].计算机集成制造系统,2023,29(1):75-90.

[181] 陈飞跃,徐震浩,顾幸生.基于离散布谷鸟搜索算法的带阻塞有差速混合流水车间调度[J].华东理工大学学报(自然科学版),2017,43(3):425-435.

[182] MONTOYA-TORRES J R,VARGAS-NIETO F. Solving a bi-criteria hybrid flowshop scheduling problem occurring in apparel manufacturing [J]. International journal of information systems and supply chain management，2011,4(2)：42-60.

[183] 刘胜军,李霞.NSGA-Ⅱ算法求解混合流水车间多目标调度问题[J].工业经济论坛,2015(6):91-99.

[184] 杜利珍,王震,柯善富,等.混合流水车间调度问题的果蝇优化算法求解[J].中国机械工程,2019,30(12):1480-1485.

[185] 王凌,周刚,许烨,等.求解不相关并行机混合流水线调度问题的人工蜂群算法[J].控制理论与应用,2012,29(12):1551-1557.

[186] 雷德明,苏斌.基于多班教学优化的多目标分布式混合流水车间调度[J].控制与决策,2021,36(2):303-313.

[187] 任彩乐,张超勇,孟磊磊,等.基于改进候鸟优化算法的混合流水车间调度问题[J].计算机集成制造系统,2019,25(3):643-653.

[188] 张其亮,陈永生.基于混合粒子群-NEH算法求解无等待柔性流水车间调度问题[J].系统工程理论与实践,2014,34(3):802-809.

[189] 李文韬,陶泽,陈晓菲.基于遗传算法的双目标混合流水车间调度问题研究[J].沈阳理工大学学报,2019,38(4):52-57.

[190] 崔琪,吴秀丽,余建军.变邻域改进遗传算法求解混合流水车间调度问题[J].计算机集成制造系统,2017,23(9):1917-1927.

[191] 苏志雄,伊俊敏.基于正逆序策略的混合流水车间遗传调度算法[J].计算机集成制造系统,2016,22(4):1059-1069.

［192］轩华,罗书敏,王薛苑.可重入混合流水车间调度的改进遗传算法[J].
现代制造工程,2019(2):18-23,35.

［193］张洁,秦威,宋代立.考虑工时不确定的混合流水车间滚动调度方法
[J].机械工程学报,2015,51(11):99-108.

［194］田云娜,李冬妮,郑丹,等.一种基于时间窗的多阶段混合流水车间调
度方法[J].机械工程学报,2016,52(16):185-196.

［195］刘昶,李冬,彭慧,等.求解混合流水车间调度问题的变量相关 EDA 算
法[J].计算机集成制造系统,2015,21(4):1032-1039.

［196］刘芳,马玉磊,周慧娟.基于种群多样性的自适应遗传算法优化仿真
[J].计算机仿真,2017,34(4):250-255.

［197］程子安,童鹰,申丽娟,等.双种群混合遗传算法求解柔性作业车间调
度问题[J].计算机工程与设计,2016,37(6):1636-1642.

［198］李佳磊,顾幸生.双种群混合遗传算法求解具有预防性维护的分布式
柔性作业车间调度问题[J].控制与决策,2023,38(2):475-482.

［199］ONG Y S,KEANE A J. Meta-lamarckian learning in memetic algorithms
[J]. IEEE transactions on evolutionary computation, 2004, 8(2):
99-110.

［200］何国强,李斌成,王东先.基于改进双种群混合遗传算法的车辆路径问
题研究[J].供应链管理,2020,1(7):108-118.